다산 정약용

아학편 쓰기

| 박연호 |

북이데아

| 범례 |

1. 여유당전서 보유에 실린 원본은 각각 1,000자씩 상·하 두 권으로 구성되어 있다. 한자 글상자 밑에 기둥을 하나 뉘어 우리말 새김(訓)과 음(音)만 제시하는 단순한 형태를 취하고 있다.

2. 이와는 대조적으로 1908년 광학서포와 대동서시를 발매소로 지정한 지석영 본은 매우 복잡한 형태를 취하고 있다. 우선 한자가 제시된 글상자의 오른쪽에 두 기둥을 세워 우리말 새김과 음, 중국어 음(한글로 표기됨)이 제시된다. 왼쪽에도 두 기둥을 세워 그 한자의 일본어 훈독과 음독을 가타카나로 적은 뒤, 다시 그 발음을 한글로 표기해 주고 있다. 아래쪽에는 두 기둥을 뉘어 알파벳으로 영어 단어를 제시하고, 다시 그 발음을 한글로 표기해 주고 있다. 심지어 한자가 제시된 글상자 하단 좌우에 그 글자가 속한 운목(韻目)과 고전자(古篆字)까지 그려 넣었다. 전용규(田龍圭)라는 이가 이 녹록치 않은 작업을 했다고 하는데, 당시 존재하던 주요 외국어 학습 수요에 모두 부응하려고 했던 것으로 보인다.

3. 이러한 체재는 당시에는 유용했을지 모르나 오늘날에는 적당치 않다고 여겨 본서는 여유당전서 보유에 실린 원래의 단순한 체재를 따르고 새김을 현대 표준어에 맞게 손질했다.

| 엮은이 서문 |

엮은이는 대학에서 '역사'를 강의하고 있는데, 수삼 년 전부터 학생들에게 주홍사(周興嗣, 470?~521)의 『천자문』을 연필로 예닐곱 번씩 써 오는 과제를 내 주고 있다. 이유는 간단하다. 1876년 개항 이전의 역사 사료는 거의 대부분 한문으로 쓰인 것들이라 아무래도 한자·한문을 좀 알아야 역사 공부를 수월하고 재미있게 할 수 있기 때문이다.

처음에는 한자·한문이라면 손사래를 치는 요즘 학생들에게 한자 쓰기 연습을 시킨다는 것 자체가 의미 있고 대견한 일이라 여겼으나, 시간이 흐르면서 마음 한구석에 한 자락 부끄러운 생각이 들기 시작했다. 왜냐하면 조선 후기에 다산 정약용(1762~1836) 선생이 『천자문』을 좋은 문자 학습서로 보기 어렵다는 「천문평(千文評)」이라는 글을 썼을 뿐 아니라, 그 대안으로 1804년 경에 유배 생활을 하던 전라도 강진에서 『아학편(兒學編)』이라는 문자 학습서를 지었다는 사실이 자꾸 떠올랐기 때문이다.

『천자문』에 대한 다산 선생의 비판 요지와 대안 제시는 두 가지인데, 첫째 주장은 유형의 사물이든 무형의 성질이든 움직임을 나타내는 것이든 '같은 부류의 글자끼리 묶어서 제시'해야 아동의 이해를 혼란시키지 않는 합리적인 제시 방법이라는 것이다. 『천자문』의 제1·2구인 '天地玄黃(천지현황) 宇宙洪荒(우주홍황)'과 제9·10구인 '雲騰致雨(운등치우) 露結爲霜(결로위상)'과 관련해 잘 알려진 아동들의 오해가 바로 그 원칙에 위배된 제시 방식에서 비롯한 것임을 다산은 설파하고 있다.

> 우리나라 사람들은 이른바 주홍사의 『천자문』을 얻어 아이들을 가르치는데, 문제는 천자문이 문자 교육용 책이 아니라는 데 있다. '天·地' 자를 배우고

> 일월(日月)·성신(星辰)·산천(山川)·구릉(丘陵) 등 아직 그 범주에 속하는 요소들을 다 배우지 않았는데 갑자기 중단하고 말하기를, '잠깐 네가 배운 바를 중단하고 5색을 배우라'고 한다. 또 '玄·黃' 자를 배우고 청(青)·적(赤)·흑(黑)·백(白)·홍(紅)·자(紫)·치(淄)·록(綠) 등의 차이를 아직 구별하지 못하는데 갑자기 중단하고 말하기를, '잠깐 네가 배운 바를 중단하고 우주를 배우라'고 한다. 도대체 무슨 이런 방법이 있는가? 구름 운(雲)과 비 우(雨) 사이에 등(騰)과 치(致) 자가 끼어드니 능히 그 족(族)을 다할 수 있겠는가? 서리 상(霜)과 이슬 로(露) 사이에 결(結)과 위(爲) 자가 막아서니 능히 그 차이를 구별할 수 있겠는가? 이와 같기 때문에 아이들은 헷갈리고 혼란스러워져 핵심적인 뜻을 파악하지 못해, 가물 '현(玄)'을 감을 '전(纏)'으로 이해하며, 누를 '황(黃)'을 누를 '압(壓)'의 의미라고 짐작해 버린다. 이것은 결코 아동이 못나서가 아니라 '비슷한 것끼리 묶어서 이해'할 수 없었던 탓이다.

그의 두 번째 주장은 청(淸)-탁(濁), 근(近)-원(遠), 경(輕)-중(重), 천(淺)-심(深)처럼 같은 종류이면서 동시에 짝을 이루는 말을 대비시켜 제시함으로써 아동들에게 글자의 정확한 의미를 효과적으로 이해시킬 수 있다는 것이다. 다산은 『천자문』의 제3·4구인 '日月盈仄(일월영측) 辰宿列張(진수열장)'과 제7·8구인 '閏餘成歲(윤여성세) 律呂調陽(율려조양)'을 예로 들면서 이렇게 비판한다.

> '영(盈)'의 반대는 '허(虛)'이고 '측(仄)'의 반대는 '평(平)'이다. 盈과 仄을 대비시키는 것은 세로로 말하고 가로로 깨우침이니 같은 종류가 아니다. 해 세(歲) 자와 같은 족속은 때 시(時) 자이며, 볕 양(陽) 자의 짝이 되는 것은 그늘 음(陰) 자니 歲를 말한 뒤 陽을 말하는 것은 홀로 외로이 가는 것이며 짝 없이 과부로 사는 격이니 유형화가 안된다. 대체로 문자학은 청(淸)으로써 탁(濁)을 깨우치며, 근(近)으로써 원(遠)을 깨우치며, 경(輕)으로써 중(重)을 깨우치며, 천(淺)으로써 심(深)을 깨우쳐서, 짝이 되는 글자를 들어 서로를 밝히게 하면 두 가지 뜻이 함께 통한다. 그러나 '단설(單說)하고 편언(偏言)'해서는 두 가지 뜻이 함께 막히니 지능이 우수한 사람이 아니면 어떻게 능히 깨우치겠는가?

다산의 『천자문』에 대한 비판과 대안은 굳이 현대 교육학의 이론을 들먹이지 않더라도 누구나 납득하고 동의할 수 있는 건전한 것이었다. 그리고 이러한 원칙에 입각해 만들어진 제2천자문인 『아학편』은 대략 1세기가 후인 1908년에 이르러서야 지석영(池錫永, 1855~1935)에 의해 비로소 세상에 공간(公刊)되었다. 당시 이 책이 얼마나 팔렸는지는 잘 알 수 없다. 그러니 현재의 상황을 가지고 추측해 보자. 국내의 대표적인 인터넷 서점에 들어가 '천자문'을 검색어로 치면 1,100종이 넘는 천자문 관련 서적이 최근까지 간행·유통되었음을 확인할 수 있다. 그 대부분이 아동용 또는 대중용 한자 학습서들이다. 반면 '아학편'을 치면 겨우 5건이 검색되는데, 그나마 다 학술 논문이나 단행본들이다. 즉, 상업적인 측면에서 양 서의 대결은 『천자문』의 완승을 기록하고 있는 셈이다.

그러나 엮은이는, 이러한 상업적 실패에도 불구하고 교육적으로는 『아학편』이 『천자문』보다 더 합리적인 교재라고 평가하고 있다. 또 한자 교육이 지속되는 한 시합은 아직 완전히 끝난 것도 아니므로 지석영 선생의 바통을 이어받아 다시 한 번 『천자문』의 일방적 독주를 저지해 보고자 한다. 여태까지의 기록으로 보아 성공할 확률이 극히 낮은 엮은이의 무모한 도전을 이해하고 손해 볼 위험을 감수해 준 북이데아의 김남권 사장에게 감사드린다.

2011년 10월

연진관에서 박연호

부수(部首) 명칭

1 획

부수	명칭
一	한일
丨	뚫을곤
丶	점
丿	삐침별
乙	새을
亅	갈고리궐

2 획

부수	명칭
二	두이
亠	돼지해머리
人	사람인
亻	사람인변
儿	어진사람인발
入	들입
八	여덟팔
冂	멀경몸
冖	민갓머리
冫	이수변
几	안석궤
凵	위튼입구몸
刀	칼도
刂	선칼도방
力	힘력
勹	쌀포몸
匕	비수비
匚	튼입구몸
匸	감출혜몸
十	열십
卜	점복
卩	병부절
厂	민엄호
厶	마늘모
又	또우

3 획

부수	명칭
口	입구
囗	큰입구몸
土	흙토
士	선비사
夂	뒤져올치
夊	천천히걸을쇠발
夕	저녁석
大	큰대
女	계집녀
子	아들자
宀	갓머리
寸	마디촌
小	작을소
尢	절름발이왕
尸	주검시엄
屮	왼손좌
山	메산
巛	개미허리
工	장인공
己	몸기
巾	수건건
干	방패간
幺	작을요
广	엄호
廴	민책받침
廾	스물입발
弋	주살익
弓	활궁
彐	튼가로왈
彡	터럭삼
彳	두인변
忄	심방변
扌	재방변
氵	삼수변
犭	개사슴록변
阝(左)	좌부변
阝(右)	우부방

4 획

부수	명칭
心	마음심
戈	창과
戶	지게호
手	손수
支	지탱할지
攵	등글월문
文	글월문
斗	말두
斤	날근
方	모방
无	이미기방
日	날일
曰	가로왈
月	달월
木	나무목
欠	하품흠
止	그칠지
歹	죽을사변
殳	갖은등글월문
毋	말무
比	견줄비
毛	터럭모
氏	각시씨
气	기운기엄
水	물수
火	불화
灬	연화발
爪	손톱조
父	아비부
爻	점괘효
爿	장수장변
片	조각편
牙	어금니아
牛	소우
犬	개견
耂	늙을로엄
王(玉)	구슬옥변
艹	초두머리
辶	책받침

5 획

부수	명칭
玄	검을현
瓜	오이과
瓦	기와와
甘	달감
生	날생
用	쓸용
田	밭전
疋	짝필
疒	병질엄
癶	필발머리
白	흰백

皮 가죽피
皿 그릇명
目 눈목
矛 창모
矢 화살시
石 돌석
示 보일시
禸 짐승발자국유
禾 벼화
穴 구멍혈
立 설립
衤 옷의변

6 획

竹 대죽
米 쌀미
糸 실사
缶 장군부
网 그물망
羊 양양
羽 깃우
而 말이을이
耒 가래뢰
耳 귀이
聿 붓율
肉 고기육
臣 신하신
自 스스로자
至 이를지
臼 절구구
舌 혀설
舛 어그러질천
舟 배주
艮 괘이름간
色 빛색
艸 초두
虍 범호엄
虫 벌레훼
血 피혈
行 다닐행
衣 옷의
襾 덮을아

7 획

見 볼견
角 뿔각
言 말씀언
谷 골곡
豆 콩두
豕 돼지시
豸 갖은돼지시변
貝 조개패
赤 붉을적
走 달릴주
足 발족
身 몸신
車 수레거
辛 매울신
辰 별진
邑 고을읍
酉 닭유
釆 분별할변
里 마을리

8 획

金 쇠금
長 길장
門 문문
阜 언덕부
隶 미칠이
隹 새추
雨 비우
靑 푸를청
非 아닐비

9 획

面 낯면
革 가죽혁
韋 가죽위
韭 부추구
音 소리음
頁 머리혈
風 바람풍
飛 날비
食 밥식
首 머리수
香 향기향

10 획

馬 말마
骨 뼈골
高 높을고
髟 터럭발
鬥 싸울투
鬯 울창주창
鬲 다리굽은솥력
鬼 귀신귀

11 획

魚 물고기어
鳥 새조
鹵 짠땅로
鹿 사슴록
麥 보리맥
麻 삼마

12 획

黃 누를황
黍 기장서
黑 검을흑
黹 바느질할치

13 획

黽 맹꽁이맹
鼎 솥정
鼓 북고
鼠 쥐서

14 획

鼻 코비
齊 가지런할제

15 획

齒 이치

16 획

龍 용룡
龜 거북귀

17 획

龠 피리약

| 한자의 필순 |

한자 필순의 기본적인 원칙은 다음과 같다.

1. 항상 위에서 아래로 쓴다 : 三, 工, 言, 客

2. 왼쪽에서 오른쪽으로 쓴다 : 川, 州, 側, 外

3. 가로 획을 먼저 쓴다 : 十, 春, 支

4. 왼쪽 삐침부터 쓴다 : 人, 父, 合

5. 가운데, 좌, 우순으로 먼저 쓴다 : 小, 水, 樂

6. 몸쪽을 먼저 쓴다 : 內, 因, 同, 司

7. 가로획이 길고 왼쪽 삐침이 짧으면 왼쪽 삐침부터 쓴다 : 右, 布, 希, 有

8. 가로획이 짧고 왼쪽 삐침이 길면 가로획부터 쓴다 : 左, 友, 在

9. 상하로 꿰뚫는 세로획은 나중에 쓴다 : 車, 中, 手

10. 좌우로 꿰뚫는 가로획은 나중에 쓴다 : 女, 母

11. 오른쪽 위의 점은 맨 나중에 쓴다 : 成, 犬, 代

12. 책받침류는 나중에 쓴다 : 建, 道, 直

天 地 父 母

天 하늘 **천**
[난이도] 읽기 7급 쓰기 6급 [총획] 4획 [부수] 大
[획순] 一 二 于 天
天地 천지

地 땅 **지**
[난이도] 읽기 7급 쓰기 6급 [총획] 6획 [부수] 土
[획순] 一 十 土 圴 坥 地
敷地 부지

父 아비 **부**
[난이도] 읽기 8급 쓰기 6급II [총획] 4획 [부수] 父
[획순] ノ 八 グ 父
父母 부모

母 어미 **모**
[난이도] 읽기 8급 쓰기 6급II [총획] 5획 [부수] 毋
[획순] ㄴ 𠘨 𠚊 母 母
祖母 조모

君 臣 夫 婦

君 임금 **군**
[난이도] 읽기 4급 쓰기 3급 [총획] 7획 [부수] 口
[획순] ㄱ ㅋ ⺕ 尹 君 君
檀君 단군

臣 신하 **신**
[난이도] 읽기 5급II 쓰기 4급II [총획] 6획 [부수] 臣
[획순] 丨 厂 𠂤 𦣝 臣
臣下 신하

夫 지아비 **부**
[난이도] 읽기 7급 쓰기 6급 [총획] 4획 [부수] 大
[획순] 一 二 夫 夫
夫婦 부부

婦 지어미 **부**
[난이도] 읽기 4급II 쓰기 3급II [총획] 11획 [부수] 女
[획순] ㄑ 女 妇 妒 婦 婦
婦人 부인

兄 弟 男 女

兄 형 **형**
[난이도] 읽기 8급 쓰기 6급II [총획] 5획 [부수] 儿
[획순] 丨 口 口 尸 兄
兄弟 형제

弟 아우 **제**
[난이도] 읽기 8급 쓰기 6급II [총획] 7획 [부수] 弓
[획순] ` 丷 当 肖 弟 弟
弟子 제자

男 사내 **남**
[난이도] 읽기 7급II 쓰기 6급 [총획] 7획 [부수] 田
[획순] 丨 口 田 田 男 男
男便 남편

女 여자 **녀**
[난이도] 읽기 8급 쓰기 6급II [총획] 3획 [부수] 女
[획순] 𡿨 女 女
女性 여성

姉 妹 娣 嫂

姉 맏누이 **자**
[난이도] 읽기 4급 쓰기 3급 [총획] 8획 [부수] 女
[획순] 女 女 女' 女𠂉 姉 姉
姉兄 자형

妹 누이동생 **매**
[난이도] 읽기 4급 쓰기 3급 [총획] 8획 [부수] 女
[획순] 女 女 女一 妹 妹 妹
男妹 남매

娣 제수 **제**
[난이도] 읽기 특급 [총획] 10획 [부수] 女
[획순] 女 女' 女丷 娣 娣 娣
良娣 양제

嫂 형수 **수**
[난이도] 읽기 1급 쓰기 특급 [총획] 13획 [부수] 女
[획순] 女 女' 女臼 嫂 嫂 嫂
長嫂 장수

祖
할아버지 조
[난이도] 읽기 7급 쓰기 6급 [총획] 10획 [부수] 示
[획순] 亍 亓 示 祁 祖 祖
祖上 조상

宗
종가 종
[난이도] 읽기 4급II 쓰기 3급II [총획] 8획 [부수] 宀
[획순] 宀 宀 宀 宇 宗
宗廟 종묘

子
아들 자
[난이도] 읽기 7급II 쓰기 6급 [총획] 3획 [부수] 子
[획순] 了 了 子
孫子 손자

孫
손자 손
[난이도] 읽기 6급 쓰기 5급 [총획] 10획 [부수] 子
[획순] 了 孑 孓 孫 孫 孫
子孫 자손

姪
조카 질
[난이도] 읽기 3급 쓰기 2급 [총획] 9획 [부수] 女
[획순] 乚 女 女 妒 妷 姪
叔姪 숙질

姑
고모 고
[난이도] 읽기 3급II 쓰기 2급 [총획] 8획 [부수] 女
[획순] 乚 女 女 女 姑 姑
姑從 고종

甥
생질 생
[난이도] 읽기 1급 쓰기 특급 [총획] 12획 [부수] 生
[획순] 𠂉 生 甥 甥 甥 甥
甥姪 생질

舅
외삼촌 구
[난이도] 읽기 1급 쓰기 특급 [총획] 13획 [부수] 臼
[획순] 𠂉 臼 臼 臼 舅 舅
舅姑 구고

姨
이모 이
[난이도] 읽기 1급 쓰기 특급 [총획] 9획 [부수] 女
[획순] 女 女 姨 姨 姨 姨
姨從 이종

婭
동서 아
[총획] 11획 [부수] 女
[획순] 女 女 女 婭 婭 婭
姻婭 인아

壻
사위 서
[난이도] 읽기 1급 쓰기 특급 [총획] 12획 [부수] 士
[획순] 十 士 壻 壻 壻 壻
壻郎 서랑

媳
며느리 식
[총획] 13획 [부수] 女
[획순] 女 女 媳 媳 媳 媳
媳婦 식부

妻
아내 처
[난이도] 읽기 3급II 쓰기 2급 [총획] 8획 [부수] 女
[획순] 一 ヨ ヨ 妻 妻 妻
妻家 처가

妾
첩 첩
[난이도] 읽기 3급 쓰기 2급 [총획] 8획 [부수] 女
[획순] 亠 立 立 妾 妾 妾
愛妾 애첩

嬸
숙모 심
[총획] 18획 [부수] 女
[획순] 女 女 嬸 嬸 嬸 嬸
姆
여 스승 무
[난이도] 읽기 특급 [총획] 8획 [부수] 女
[획순] 女 女 如 姆 姆 姆
保姆 보모

伯 맏 백
[난이도] 읽기 3급II 쓰기 2급 [총획] 7획 [부수] 亻
[획순] ノ 亻 亻' 伯 伯 伯
畫伯 화백

仲 버금 중
[난이도] 읽기 3급II 쓰기 2급 [총획] 6획 [부수] 亻
[획순] ノ 亻 仆 仲 仲 仲
仲裁 중재

叔 셋째 숙
[난이도] 읽기 4급 쓰기 3급 [총획] 8획 [부수] 又
[획순] ⺊ ⺊ 于 赤 叔 叔
堂叔 당숙

季 말째 계
[난이도] 읽기 4급 쓰기 3급 [총획] 8획 [부수] 子
[획순] 二 千 禾 季 季 季
季節 계절

族 겨레 족
[난이도] 읽기 6급 쓰기 5급 [총획] 11획 [부수] 方
[획순] 亠 方 方 扩 旌 族
民族 민족

戚 친척 척
[난이도] 읽기 3급II 쓰기 2급 [총획] 11획 [부수] 戈
[획순] 厂 厈 厈 戚 戚 戚
親戚 친척

朋 벗 붕
[난이도] 읽기 3급 쓰기 2급 [총획] 8획 [부수] 月
[획순] 刀 月 月 朋 朋 朋
朋友 붕우

友 벗 우
[난이도] 읽기 5급II 쓰기 4급II [총획] 4획 [부수] 又
[획순] 一 ナ 方 友
友情 우정

賓 손 빈
[난이도] 읽기 3급 쓰기 2급 [총획] 14획 [부수] 貝
[획순] 宀 宀 宊 宥 賓 賓
國賓 국빈

師 스승 사
[난이도] 읽기 4급II 쓰기 3급II [총획] 10획 [부수] 巾
[획순] 丨 ⺊ 自 官 師 師
敎師 교사

主 주인 주
[난이도] 읽기 7급 쓰기 6급 [총획] 5획 [부수] 丶
[획순] 丶 亠 十 丰 主
主導 주도

客 손 객
[난이도] 읽기 5급II 쓰기 4급II [총획] 9획 [부수] 宀
[획순] 宀 宀 安 安 客 客
顧客 고객

僮 어린 종 동
[난이도] 읽기 특급 [총획] 14획 [부수] 亻
[획순] 亻 亻 伫 偣 僮 僮
僮子 동자

僕 마부 복
[난이도] 읽기 1급 쓰기 특급 [총획] 14획 [부수] 亻
[획순] 亻 亻' 亻" 僕 僕 僕
奴僕 노복

奴 종 노
[난이도] 읽기 3급II 쓰기 2급 [총획] 5획 [부수] 女
[획순] ㄑ 女 女 女フ 奴
奴隸 노예

婢 여자 종 비
[난이도] 읽기 3급II 쓰기 2급 [총획] 11획 [부수] 女
[획순] ㄑ 女 女' 婢 婢 婢
奴婢 노비

儒
선비 유
[난이도] 읽기 4급 쓰기 3급 [총획] 16획 [부수] 亻
[획순] 亻 俨 偄 偄 儒 儒
儒敎 유교

俠
협객 협
[난이도] 읽기 1급 쓰기 특급 [총획] 9획 [부수] 亻
[획순] 亻 仁 伓 伓 俠 俠
俠客 협객

醫
의원 의
[난이도] 읽기 6급 쓰기 5급 [총획] 18획 [부수] 酉
[획순] 医 殹 殹 醫 醫
醫師 의사

巫
무당 무
[난이도] 읽기 1급 쓰기 특급 [총획] 7획 [부수] 工
[획순] 一 丅 丌 丌 巫 巫
巫堂 무당

氓
농민 맹
[난이도] 읽기 특급II [총획] 8획 [부수] 氏
[획순] 亡 亡 氓 氓 氓 氓
村氓 촌맹

隷
하인 례
[총획] 16획 [부수] 隶
[획순] 隷 隷 隷 隷 隷
隷屬 예속

妓
기생 기
[난이도] 읽기 1급 쓰기 특급 [총획] 7획 [부수] 女
[획순] 女 女 女 妓 妓 妓
妓生 기생

娼
창녀 창
[난이도[읽기 1급 쓰기 특급 [총획] 11획 [부수] 女
[획순] 女 女 娼 娼 娼 娼
娼女 창녀

僧
중 승
[난이도] 읽기 3급II 쓰기 2급 [총획] 14획 [부수] 亻
[획순] 亻 伫 伫 僧 僧 僧
僧舞 승무

尼
여승 니
[난이도] 읽기 2급 쓰기 1급 [총획] 5획 [부수] 尸
[획순] ㄱ ㄱ 尸 尼 尼
比丘尼 비구니

盜
도둑 도
[난이도] 읽기 4급 쓰기 3급 [총획] 12획 [부수] 皿
[획순] 氵 氵 沙 次 盜 盜
强盜 강도

賊
도둑 적
[난이도] 읽기 4급 쓰기 3급 [총획] 13획 [부수] 貝
[획순] 目 目 貝 賊 賊 賊
盜賊 도적

翁
늙은이 옹
[난이도] 읽기 3급 쓰기 2급 [총획] 10획 [부수] 羽
[획순] 八 公 公 翁 翁 翁
家翁 가옹

媼
할미 온
[난이도] 읽기 특급 [총획] 13획 [부수] 女
[획순] 女 女 媼 媼 媼 媼
媼神 온신

童
아이 동
[난이도] 읽기 6급II 쓰기 5급II [총획] 12획 [부수] 立
[획순] 立 音 音 音 童 童
兒童 아동

叟
늙은이 수
[난이도] 읽기 특급 [총획] 10획 [부수] 又
[획순] 臼 臼 臼 臼 叟 叟
白叟 백수

帝
황제 제
[난이도] 읽기 4급 쓰기 3급 [총획] 9획 [부수] 巾
[획순] 亠 产 产 产 产 帝
皇帝 황제

王
임금 왕
[난이도] 읽기 8급 쓰기 6급II [총획] 4획 [부수] 王
[획순] 一 丅 千 王
王朝 왕조

后
황후 후
[난이도] 쓰기 특급II [총획] 6획 [부수] 口
[획순] 厂 厂 斤 斤 后 后
皇后 황후

妃
왕비 비
[난이도] 읽기 3급II 쓰기 2급 [총획] 6획 [부수] 女
[획순] ㄑ 女 女 女 妃 妃
王妃 왕비

將
장수 장
[난이도] 읽기 4급II 쓰기 3급II [총획] 11획 [부수] 寸
[획순] 丬 爿 爿 將 將 將
將軍 장군

相
정승 상
[난이도] 읽기 5급II 쓰기 4급II [총획] 9획 [부수] 目
[획순] 一 十 木 相 相 相
相交 상교

卿
재상 경
[난이도] 읽기 3급 쓰기 2급 [총획] 12획 [부수] 卩
[획순] 㔾 卯 卯 卿 卿 卿
卿相 경상

士
선비 사
[난이도] 읽기 5급II 쓰기 4급II [총획] 3획 [부수] 士
[획순] 一 十 士
人士 인사

吏
아전 리
[난이도] 읽기 3급II 쓰기 2급 [총획] 6획 [부수] 口
[획순] 一 冖 亓 亘 吏 吏
官吏 관리

民
백성 민
[난이도] 읽기 8급 쓰기 6급II [총획] 5획 [부수] 氏
[획순] ㄱ ㅋ 尸 巳 民
住民 주민

工
장인 공
[난이도] 읽기 7급II 쓰기 6급 [총획] 3획 [부수] 工
[획순] 一 丅 工
工場 공장

商
장사 상
[난이도] 읽기 5급II 쓰기 4급II [총획] 11획 [부수] 口
[획순] 亠 产 冏 冏 商 商
通商 통상

夷
동방 오랑캐 이
[난이도] 읽기 3급 쓰기 2급 [총획] 6획 [부수] 大
[획순] 一 ㄱ 弓 弓 夷 夷
東夷 동이

狄
북방 오랑캐 적
[난이도] 읽기 1급 쓰기 특급 [총획] 7획 [부수] 犭
[획순] 丿 犭 犭 犭 狄 狄
夷狄 이적

蠻
남방 오랑캐 만
[난이도] 읽기 2급 쓰기 1급 [총획] 25획 [부수] 虫
[획순] 言 絲 綜 蠻 蠻 蠻
蠻行 만행

羌
서방 오랑캐 강
[난이도] 읽기 특급II [총획] 8획 [부수] 羊
[획순] 丷 䒑 兰 羊 羌 羌
羌活 강활

耳
귀 이
[난이도] 읽기 5급 쓰기 4급 [총획] 6획 [부수] 耳
[획순] 一 厂 F F E 耳
耳目 이목

目
눈 목
[난이도] 읽기 6급 쓰기 5급 [총획] 5획 [부수] 目
[획순] 丨 冂 冃 月 目
目標 목표

口
입 구
[난이도] 읽기 7급 쓰기 6급 [총획] 3획 [부수] 口
[획순] 丨 冂 口
家口 가구

鼻
코 비
[난이도] 읽기 5급 쓰기 4급 [총획] 14획 [부수] 鼻
[획순] [illegible] 自 畠 畠 畠 鼻
鼻炎 비염

股
다리 고
[난이도] 읽기 1급 쓰기 특급 [총획] 8획 [부수] 月
[획순] 丿 月 月 肸 股 股
股關節 고관절

肱
팔 굉
[난이도] 읽기 1급 쓰기 특급 [총획] 8획 [부수] 月
[획순] 丿 月 月 肱 肱 肱
枕肱 침굉

手
손 수
[난이도] 읽기 7급II 쓰기 6급 [총획] 4획 [부수] 手
[획순] 一 二 三 手
手段 수단

足
발 족
[난이도] 읽기 7급II 쓰기 6급 [총획] 7획 [부수] 足
[획순] 冂 口 早 早 足 足
滿足 만족

頭
머리 두
[난이도] 읽기 6급 쓰기 5급 [총획] 16획 [부수] 頁
[획순] 口 豆 豆 頭 頭 頭
沒頭 몰두

腦
골 뇌
[난이도] 읽기 3급II 쓰기 2급 [총획] 13획 [부수] 月
[획순] 丿 月 肸 腦 腦 腦
頭腦 두뇌

頷
턱 함
[총획] 16획 [부수] 頁
[획순] 人 今 含 含 頷 頷
頷可 함가

項
목 항
[난이도] 읽기 3급II 쓰기 2급 [총획] 12획 [부수] 頁
[획순] 一 工 工 項 項 項
條項 조항

顴
광대뼈 관
[난이도] 읽기 1급 쓰기 특급 [총획] 27획 [부수] 頁
[획순] 艹 艹 雚 顴 顴 顴
顴骨 관골

頰
뺨 협
[난이도] 읽기 1급 쓰기 특급 [총획] 16획 [부수] 頁
[획순] 一 ㅈ 夾 頰 頰 頰
頰骨 협골

頂
정수리 정
[난이도] 읽기 3급II 쓰기 2급 [총획] 11획 [부수] 頁
[획순] 丁 丁 頂 頂 頂 頂
頂上 정상

額
이마 액
[난이도] 읽기 4급 쓰기 3급 [총획] 18획 [부수] 頁
[획순] 宀 客 客 額 額 額
金額 금액

齒
이 치
[난이도] 읽기 4급II 쓰기 3II급 [총획] 15획 [부수] 齒
[획순] ⺊ 㞢 㞢 歨 齒 齒
齒列 치열

牙
어금니 아
[난이도] 읽기 3급II 쓰기 2급 [총획] 4획 [부수] 牙
[획순] 一 ㄷ 于 牙
齒牙 치아

脣
입술 순
[난이도] 읽기 3급 쓰기 2급 [총획] 11획 [부수] 月
[획순] 厂 尸 戸 辰 脣 脣
口脣 구순

舌
혀 설
[난이도] 읽기 4급 쓰기 3급 [총획] 6획 [부수] 舌
[획순] 一 二 千 千 舌 舌
毒舌 독설

眼
눈 안
[난이도] 읽기 4급II 쓰기 3급II [총획] 11획 [부수] 目
[획순] 𠃌 目 目 目 眼 眼
眼目 안목

睛
눈망울 정
[난이도] 읽기 1급 쓰기 특급 [총획] 13획 [부수] 目
[획순] 𠃌 目 目 睛 睛 睛
眼睛 안정

頤
턱 이
[난이도] 읽기 특급 [총획] 16획 [부수] 頁
[획순] 一 𦣞 𦣞 𦣞 頤 頤
程頤 정이

齶
잇몸 악
[총획] 24획 [부수] 齒
[획순] ⺊ 齒 齒 齶 齶 齶

乳
젖 유
[난이도] 읽기 4급 쓰기 3급 [총획] 8획 [부수] 乙
[획순] 一 爫 乎 孚 孚 乳
牛乳 우유

脅
옆구리 협
[난이도] 읽기 특급II [총획] 10획 [부수] 月
[획순] 丿 月 月 月 脇 脇
脇杖 협장

臍
배꼽 제
[난이도] 읽기 특급 [총획] 18획 [부수] 月
[획순] 丿 月 月 脐 臍 臍
臍動脈 제동맥

肛
항문 항
[난이도] 읽기 1급 쓰기 특급 [총획] 7획 [부수] 月
[획순] 丿 月 月 月 肛 肛
肛門 항문

胸
가슴 흉
[난이도] 읽기 3급II 쓰기 2급 [총획] 10획 [부수] 月
[획순] 丿 月 肑 肑 胸 胸
胸像 흉상

背
등 배
[난이도] 읽기 4급II 쓰기 3급II [총획] 9획 [부수] 月
[획순] 丨 丬 北 背 背 背
背馳 배치

腰
허리 요
[난이도] 읽기 3급 쓰기 2급 [총획] 13획 [부수] 月
[획순] 丿 月 肟 腰 腰 腰
腰痛 요통

腹
배 복
[난이도] 읽기 3급II 쓰기 2급 [총획] 13획 [부수] 月
[획순] 丿 月 肝 腹 腹 腹
腹痛 복통

指
손가락 지

[난이도] 읽기 4급II 쓰기 3급II [총획] 9획 [부수] 扌
[획순] 扌 扌 扌 扌 指 指

指摘 지적

爪
손톱 조

[난이도] 읽기 1급 쓰기 특급 [총획] 4획 [부수] 爪
[획순] 一 厂 爪 爪

假爪角 가조각

掌
손바닥 장

[난이도] 읽기 3급II 쓰기 2급 [총획] 12획 [부수] 手
[획순] 丷 ⺌ 尚 尚 堂 掌

掌匣 장갑

腕
팔 완

[난이도] 읽기 1급 쓰기 특급 [총획] 12획 [부수] 月
[획순] 丿 月 肸 胺 腔 腕

腕章 완장

肩
어깨 견

[난이도] 읽기 3급 쓰기 2급 [총획] 8획 [부수] 月
[획순] 一 ⼹ 戶 肩 肩 肩

肩骨 견골

臂
팔 비

[난이도] 읽기 1급 쓰기 특급 [총획] 17획 [부수] 月
[획순] 尸 吕 辟 辟 臂 臂

肩臂 견비

肘
팔꿈치 주

[총획] 7획 [부수] 月
[획순] 丿 月 月 肘 肘 肘

肘關節 주관절

腋
겨드랑이 액

[난이도] 읽기 1급 쓰기 특급 [총획] 12획 [부수] 月
[획순] 丿 月 肞 胘 胶 腋

扶腋 부액

跗
발등 부

[총획] 12획 [부수] 足
[획순] 口 早 𧾷 跗 跗 跗

跗骨 부골

趾
발 지

[난이도] 읽기 특급II [총획] 11획 [부수] 足
[획순] 口 早 𧾷 趾 趾 趾

宮趾 궁지

腨
장딴지 천

[총획] 13획 [부수] 月
[획순] 丿 月 肸 胐 腨 腨

踵
발뒤축 종

[난이도] 읽기 1급 쓰기 특급 [총획] 16획 [부수] 足
[획순] 口 𧾷 踁 踵 踵 踵

髁腫 과종

臀
볼기 둔

[난이도] 읽기 1급 쓰기 특급 [총획] 17획 [부수] 月
[획순] 尸 屏 殿 殿 臀 臀

臀部 둔부

膝
무릎 슬

[난이도] 읽기 1급 쓰기 특급 [총획] 15획 [부수] 月
[획순] 丿 月 胩 脉 膝 膝

膝蓋骨 슬개골

脛
종아리 경

[난이도] 읽기 1급 쓰기 특급 [총획] 11획 [부수] 月
[획순] 丿 月 肝 脛 脛 脛

脛骨 경골

脚
다리 각

[난이도] 읽기 3급II 쓰기 2급 [총획] 11획 [부수] 月
[획순] 丿 月 肸 胠 脚 脚

行脚 행각

鬚
수염 수
[난이도] 읽기 특급II [총획] 22획 [부수] 髟
[획순] 镸 镸 髟 髟 鬚 鬚
鬚眉 수미

眉
눈썹 미
[난이도] 읽기 3급 쓰기 2급 [총획] 9획 [부수] 目
[획순] ㄱ ㅋ 尸 屑 眉 眉
眉間 미간

鬢
살쩍 빈
[난이도] 읽기 특급 [총획] 24획 [부수] 髟
[획순] 镸 镸 髟 髟 鬢 鬢
鬢毛 빈모

髮
터럭 발
[난이도] 읽기 4급 쓰기 3급 [총획] 15획 [부수] 髟
[획순] 镸 镸 髟 髟 髮 髮
白髮 백발

咽
목구멍 인
[난이도] 읽기 1급 쓰기 특급 [총획] 9획 [부수] 口
[획순] 口 口 叮 叮 咽 咽
咽喉 인후

喉
목구멍 후
[난이도] 읽기 2급 쓰기 1급 [총획] 12획 [부수] 口
[획순] 口 吖 吖 喉 喉 喉
喉頭炎 후두염

臟
오장 장
[난이도] 읽기 3급II 쓰기 2급 [총획] 22획 [부수] 月
[획순] 月 月 月 月 臟 臟
心臟 심장

腑
육부 부
[난이도] 읽기 1급 쓰기 특급 [총획] 12획 [부수] 月
[획순] 月 月 月 月 腑 腑
腑臟 부장

心
마음 심
[난이도] 읽기 7급 쓰기 6급 [총획] 4획 [부수] 心
[획순] 丶 心 心 心
核心 핵심

肺
허파 폐
[난이도] 읽기 3급II 쓰기 2급 [총획] 8획 [부수] 月
[획순] 刂 月 月 肝 肺 肺
肺炎 폐렴

肝
간 간
[난이도] 읽기 3급II 쓰기 2급 [총획] 7획 [부수] 月
[획순] 刂 月 月 肝 肝 肝
肝膽 간담

脾
지라 비
[난이도] 읽기 1급 쓰기 특급 [총획] 12획 [부수] 月
[획순] 刂 月 肑 胛 脾 脾
脾臟 비장

膽
쓸개 담
[난이도] 읽기 2급 쓰기 1급 [총획] 17획 [부수] 月
[획순] 刂 月 月 月 膽 膽
落膽 낙담

腎
콩팥 신
[난이도] 읽기 2급 쓰기 1급 [총획] 12획 [부수] 月
[획순] 𠃌 臣 臣 臤 腎 腎
腎臟 신장

腸
창자 장
[총획] 15획 [부수] 月
[획순] 月 月 胆 腸 腸 腸
愁腸 수장

肚
밥통 두
[총획] 7획 [부수] 月
[획순] 刂 月 月 肚 肚 肚
凶肚 흉두

皮
가죽 피
[난이도] 읽기 3급II 쓰기 2급 [총획] 5획 [부수] 皮
[획순] 丿 厂 广 皮 皮
皮膚 피부

肉
고기 육
[난이도] 읽기 4급II 쓰기 3급II [총획] 6획 [부수] 肉
[획순] 丨 冂 内 内 肉 肉
筋肉 근육

膏
기름 고
[난이도] 읽기 1급 쓰기 특급 [총획] 14획 [부수] 月
[획순] 亠 亩 高 高 膏 膏
軟膏 연고

血
피 혈
[난이도] 읽기 4급II 쓰기 3급II [총획] 6획 [부수] 血
[획순] ′ 𠂉 白 白 血 血
血液 혈액

筋
힘줄 근
[난이도] 읽기 4급 쓰기 3급 [총획] 12획 [부수] 竹
[획순] ⺈ ⺮ 竻 笍 筋 筋
筋肉 근육

脈
맥 맥
[난이도] 읽기 4급II 쓰기 3급II [총획] 10획 [부수] 月
[획순] 丿 月 肵 脈 脈 脈
脈絡 맥락

骨
뼈 골
[난이도] 읽기 4급 쓰기 3급 [총획] 10획 [부수] 骨
[획순] 冂 冎 冎 骨 骨 骨
骨子 골자

髓
뼛골 수
[난이도] 읽기 1급 쓰기 특급 [총획] 23획 [부수] 骨
[획순] 冎 骨 骨 骨 髓 髓
脊髓 척수

涎
침 연
[난이도] 읽기 특급II [총획] 10획 [부수] 氵
[획순] 丶 氵 汘 泟 涎 涎
龍涎 용연

汗
땀 한
[난이도] 읽기 3급II 쓰기 2급 [총획] 6획 [부수] 氵
[획순] 丶 丶 氵 汀 汗 汗
汗蒸 한증

糞
똥 분
[난이도] 읽기 1급 쓰기 특급 [총획] 17획 [부수] 米
[획순] 䒑 米 粜 粪 糞 糞
糞尿 분뇨

溺
오줌 뇨
[난이도] 읽기 2급 쓰기 1급 [총획] 13획 [부수] 氵
[획순] 丶 氵 汅 溺 溺 溺
溺死 익사

首
머리 수
[난이도] 읽기 5급II 쓰기 4급II [총획] 9획 [부수] 首
[획순] 丷 䒑 䒑 首 首 首
首席 수석

面
낯 면
[난이도] 읽기 7급 쓰기 6급 [총획] 9획 [부수] 面
[획순] 一 丆 而 而 面 面
側面 측면

身
몸 신
[난이도] 읽기 6급II 쓰기 5급II [총획] 7획 [부수] 身
[획순] ′ 冂 白 自 身 身
自身 자신

體
몸 체
[난이도] 읽기 6급II 쓰기 5급II [총획] 23획 [부수] 骨
[획순] 冎 骨 骨 體 體 體
團體 단체

日

날 일

[난이도] 읽기 8급 쓰기 6급II [총획] 4획 [부수] 日

[획순] 丨 冂 日 日

日程 일정

月

달 월

[난이도] 읽기 8급 쓰기 6급II [총획] 4획 [부수] 月

[획순] 丿 刀 月 月

月給 월급

星

별 성

[난이도] 읽기 4급II 쓰기 3급II [총획] 9획 [부수] 日

[획순] 口 日 旦 旦 早 星

行星 행성

辰

별 진

[총획] 7획 [부수] 辰

[획순] 厂 厂 尸 尼 辰 辰

辰刻 진각

風

바람 풍

[난이도] 읽기 6급II 쓰기 5급II [총획] 9획 [부수] 風

[획순] 几 凡 凧 凬 風 風

颱風 태풍

雲

구름 운

[난이도] 읽기 5급II 쓰기 4II급 [총획] 12획 [부수] 雨

[획순] 雨 雨 雨 雲 雲 雲

青雲 청운

雨

비 우

[난이도] 읽기 5급II 쓰기 4급II [총획] 8획 [부수] 雨

[획순] 一 冂 帀 雨 雨 雨

降雨 강우

露

이슬 로

[난이도] 읽기 3급II 쓰기 2급 [총획] 21획 [부수] 雨

[획순] 雨 雨 雨 露 露 露

露出 노출

霜

서리 상

[난이도] 읽기 3급II 쓰기 2급 [총획] 17획 [부수] 雨

[획순] 雨 雨 雨 霜 霜 霜

霜降 상강

雪

눈 설

[난이도] 읽기 6급II 쓰기 5급II [총획] 11획 [부수] 雨

[획순] 雨 雨 雨 雪 雪 雪

大雪 대설

霰

싸라기눈 산

[난이도] 읽기 특급II [총획] 20획 [부수] 雨

[획순] 雨 雨 霰 霰 霰 霰

霰彈 산탄

霾

흙비 매

[난이도] 읽기 특급 [총획] 20획 [부수] 雨

[획순] 雨 雨 霾 霾 霾 霾

海霾 해매

雷

우뢰 뇌

[난이도] 읽기 3급II 쓰기 2급 [총획] 13획 [부수] 雨

[획순] 雨 雨 雨 雷 雷 雷

雷管 뇌관

電

번개 전

[난이도] 읽기 7급II 쓰기 6급 [총획] 13획 [부수] 雨

[획순] 雨 雨 雨 電 電 電

電話 전화

霞

노을 하

[난이도] 읽기 1급 쓰기 특급 [총획] 17획 [부수] 雨

[획순] 雨 雨 霞 霞 霞 霞

輕霞 경하

霧

안개 무

[난이도] 읽기 3급 쓰기 2급 [총획] 19획 [부수] 雨

[획순] 雨 雨 霧 霧 霧 霧

噴霧器 분무기

虹

무지개 홍
[난이도] 읽기 1급 쓰기 특급 [총획] 9획 [부수] 虫
[획순] 口 中 虫 虻 虹 虹

虹彩 홍채

霓

암무지개 예
[난이도] 읽기 특급II [총획] 16획 [부수] 雨
[획순] 一 冖 雨 霄 霓 霓

虹霓門 홍예문

颶

돌개바람 구
[총획] 17획 [부수] 風
[획순] 几 凡 風 颶 颶 颶

颶風 구풍

飇

회오리바람 표
[난이도] 읽기 특급II [총획] 21획 [부수] 風
[획순] 几 凡 風 飇 飇 飇

飇風 표풍

霖

장마 림
[난이도] 읽기 특급II [총획] 16획 [부수] 雨
[획순] 一 冖 雨 霖 霖 霖

久霖 구림

涷

소나기 동
[총획] 11획 [부수] 氵
[획순] 丶 氵 汀 洹 涷 涷

涷瘃 동촉

霢

가랑비 맥
[총획] 18획 [부수] 雨
[획순] 冖 雨 霢 霢 霢 霢

霂

가랑비 목
[총획] 15획 [부수] 雨
[획순] 冖 雨 霂 霂 霂 霂

陰

그늘 음
[난이도] 읽기 4급II 쓰기 3급II [총획] 11획 [부수] 阝
[획순] 阝 阝 阾 险 陰 陰

陰陽 음양

陽

볕 양
[난이도] 읽기 6급 쓰기 5급 [총획] 12획 [부수] 阝
[획순] 阝 阝 阳 陽 陽 陽

陽曆 양력

氣

기운 기
[난이도] 읽기 7급II 쓰기 6급 [총획] 10획 [부수] 气
[획순] 𠂉 气 气 氣 氣 氣

雰圍氣 분위기

暈

햇무리 훈
[난이도] 읽기 1급 쓰기 특급 [총획] 13획 [부수] 日
[획순] 日 旦 昌 暈 暈 暈

眩暈 현훈

彗

살별 혜
[난이도] 읽기 1급 쓰기 특급 [총획] 11획 [부수] 彐
[획순] 三 丰 丰 彗 彗 彗

彗星 혜성

孛

살별 패
[난이도] 읽기 특급 [총획] 7획 [부수] 子
[획순] 一 十 𡈼 孛 孛 孛

彗孛 혜패

氷

얼음 빙
[난이도] 읽기 5급 쓰기 4급 [총획] 5획 [부수] 水
[획순] 亅 𠄌 刁 氵 氷

氷河 빙하

雹

우박 박
[난이도] 읽기 특급 [총획] 13획 [부수] 雨
[획순] 一 冖 雨 雨 雹 雹

雨雹 우박

水

물 수
[난이도] 읽기 8급 쓰기 6급II [총획] 4획 [부수] 水
[획순] 亅 才 水
洪水 홍수

火

불 화
[난이도] 읽기 8급 쓰기 6급II [총획] 4획 [부수] 火
[획순] 丶 丷 少 火
火災 화재

土

흙 토
[난이도] 읽기 8급 쓰기 6급II [총획] 3획 [부수] 土
[획순] 一 十 土
土地 토지

石

돌 석
[난이도] 읽기 6급 쓰기 5급 [총획] 5획 [부수] 石
[획순] 一 丆 不 石 石
石油 석유

山

뫼 산
[난이도] 읽기 8급 쓰기 6급II [총획] 3획 [부수] 山
[획순] 丨 山 山
山脈 산맥

川

내 천
[난이도] 읽기 7급 쓰기 6급 [총획] 3획 [부수] 川
[획순] 丿 川 川
河川 하천

海

바다 해
[난이도] 읽기 7급II 쓰기 6급 [총획] 10획 [부수] 氵
[획순] 氵 氵 汇 海 海 海
海洋 해양

陸

뭍 육
[난이도] 읽기 5급II 쓰기 4급II [총획] 11획 [부수] 阝
[획순] 阝 阝 阝 陆 陸 陸
大陸 대륙

原

언덕 원
[난이도] 읽기 5급 쓰기 4급 [총획] 10획 [부수] 厂
[획순] 厂 厂 斤 盾 原 原
原因 원인

野

들 야
[난이도] 읽기 6급 쓰기 5급 [총획] 11획 [부수] 里
[획순] 日 甲 里 野 野 野
分野 분야

邱

언덕 구
[난이도] 쓰기 특급II [총획] 8획 [부수] 阝
[획순] 厂 F 斤 丘 丘 邱
首邱 수구

陵

언덕 릉
[난이도] 읽기 3급II 쓰기 2급 [총획] 11획 [부수] 阝
[획순] 阝 阝 阝 阝 陵 陵
王陵 왕릉

峯

봉우리 봉
[난이도] 읽기 3급II 쓰기 2급 [총획] 10획 [부수] 山
[획순] 山 山 岁 峯 峯 峯
上峯 상봉

巒

뫼 만
[난이도] 읽기 특급II [총획] 22획 [부수] 山
[획순] 言 絲 絲 巒 巒 巒
岡巒 강만

岡

산등성이 강
[난이도] 쓰기 특급II [총획] 8획 [부수] 山
[획순] 冂 冂 円 冈 岡 岡
丘岡 구강

麓

산기슭 록
[난이도] 읽기 1급 쓰기 특급 [총획] 19획 [부수] 鹿
[획순] 木 林 芦 麓 麓 麓
空麓 공록

嶺

고개 령

[총획] 17획 [부수] 山

[획순] 𡴭 岺 岺 嶺 嶺 嶺

分水嶺 분수령

嶽

큰 산 악

[난이도] 읽기 특급II [총획] 17획 [부수] 山

[획순] 𡴭 犭 狺 獄 嶽 嶽

山嶽 산악

峽

산골짜기 협

[난이도] 읽기 2급 쓰기 1급 [총획] 10획 [부수] 山

[획순] 山 山 屵 峡 峡 峽

海峽 해협

峀

산굴 수

[난이도] 읽기 특급II [총획] 8획 [부수] 山

[획순] 山 屮 岀 峀 峀 峀

洞

골짜기 동

[난이도] 읽기 7급 쓰기 6급 [총획] 9획 [부수] 氵

[획순] 丶 氵 汈 洞 洞 洞

空洞化 공동화

壑

구렁 학

[난이도] 읽기 1급 쓰기 특급 [총획] 17획 [부수] 土

[획순] 卢 𣦵 叡 叡 壑 壑

巖壑 암학

巖

바위 암

[난이도] 읽기 3급II 쓰기 2급 [총획] 23획 [부수] 山

[획순] 𡴭 㠭 严 嚴 巖 巖

巖石 암석

谷

골짜기 곡

[난이도] 읽기 3급II 쓰기 2급 [총획] 7획 [부수] 谷

[획순] ノ 八 亽 㕣 谷 谷

溪谷 계곡

隴

밭두둑 롱

[난이도] 읽기 특급 [총획] 19획 [부수] 阝

[획순] 阝 阝 隋 隴 隴 隴

隴客 농객

阪

긴등 판

[난이도] 쓰기 특급II [총획] 7획 [부수] 阝

[획순] 阝 阝 阝 阪 阪 阪

嶮阪 험판

崖

비탈 애

[난이도] 읽기 1급 쓰기 특급 [총획] 11획 [부수] 山

[획순] 山 屵 屵 崖 崖 崖

摩崖 마애

岸

언덕 안

[난이도] 읽기 3급II 쓰기 2급 [총획] 8획 [부수] 山

[획순] 山 屵 屵 岸 岸 岸

海岸 해안

塵

티끌 진

[난이도] 읽기 2급 쓰기 1급 [총획] 14획 [부수] 土

[획순] 广 声 声 鹿 塵 塵

粉塵 분진

埃

티끌 애

[난이도] 쓰기 특급II [총획] 10획 [부수] 土

[획순] 十 土 圹 垶 埃 埃

塵埃 진애

塊

흙덩어리 괴

[난이도] 읽기 3급 쓰기 2급 [총획] 13획 [부수] 土

[획순] 土 圹 坤 塊 塊 塊

金塊 금괴

礫

자갈 력

[난이도] 읽기 1급 쓰기 특급 [총획] 20획 [부수] 石

[획순] 石 砳 礫 礫 礫 礫

沙礫 사력

泉
샘 천
[난이도] 읽기 4급 쓰기 3급 [총획] 9획 [부수] 水
[획순] 白 白 白 宀 泉 泉
源泉 원천

瀑
폭포 폭
[난이도] 읽기 1급 쓰기 특급 [총획] 18획 [부수] 氵
[획순] 氵 氵 浮 淏 瀑 瀑
瀑布 폭포

溪
시내 계
[난이도] 읽기 3급II 쓰기 2급 [총획] 13획 [부수] 氵
[획순] 氵 氵 泙 浮 溪 溪
溪流 계류

澗
산골 물 간
[난이도] 읽기 1급 쓰기 특급 [총획] 15획 [부수] 氵
[획순] 氵 氵 沪 澗 澗 澗
溪澗 계간

溝
도랑 구
[난이도] 읽기 1급 쓰기 특급 [총획] 13획 [부수] 氵
[획순] 氵 氵 泄 湛 溝 溝
下水溝 하수구

渠
개천 거
[난이도] 읽기 1급 쓰기 특급 [총획] 12획 [부수] 氵
[획순] 氵 氵 沪 洰 渠 渠
車渠 차거

陂
방죽 피
[난이도] 읽기 특급II [총획] 8획 [부수] 阝
[획순] 阝 阝 阝 阝 陂 陂
陂倚 피의

池
못 지
[난이도] 읽기 3급II 쓰기 2급 [총획] 6획 [부수] 氵
[획순] 丶 丶 氵 汋 汁 池
蓮池 연지

江
강 강
[난이도] 읽기 7급II 쓰기 6급 [총획] 6획 [부수] 氵
[획순] 丶 丶 氵 汀 汀 江
江村 강촌

淮
회수 회
[난이도] 쓰기 특급II [총획] 11획 [부수] 氵
[획순] 氵 氵 汁 沖 淮 淮
淮水 회수

河
물 하
[난이도] 읽기 5급 쓰기 4급 [총획] 8획 [부수] 氵
[획순] 丶 氵 汀 沔 沔 河
河川 하천

漢
한수 한
[난이도] 읽기 7급II 쓰기 6급 [총획] 14획 [부수] 氵
[획순] 氵 氵 浩 漢 漢 漢
漢字 한자

湖
호수 호
[난이도] 읽기 5급 쓰기 4급 [총획] 12획 [부수] 氵
[획순] 丶 氵 汁 沽 湖 湖
湖水 호수

澤
늪 택
[난이도] 읽기 3급II 쓰기 2급 [총획] 16획 [부수] 氵
[획순] 氵 澤 澤 澤 澤 澤
惠澤 혜택

津
나루 진
[난이도] 읽기 2급 쓰기 1급 [총획] 9획 [부수] 氵
[획순] 丶 氵 汁 浐 津 津
港津 항진

涯
물가 애
[난이도] 읽기 3급 쓰기 2급 [총획] 11획 [부수] 氵
[획순] 氵 汇 浐 涯 涯 涯
生涯 생애

灘	**여울 탄** [난이도] 쓰기 특급II [총획] 22획 [부수] 氵 [획순] 氵 氵 汫 潢 灘 灘	漢灘江 한탄강
潭	**못 담** [난이도] 읽기 2급 쓰기 1급 [총획] 15획 [부수] 氵 [획순] 氵 氵 沪 滙 潭 潭 潭	淸潭 청담
島	**섬 도** [난이도] 읽기 5급 쓰기 4급 [총획] 10획 [부수] 山 [획순] 𠂆 户 自 鳥 島 島	半島 반도
嶼	**섬 서** [난이도] 읽기 1급 쓰기 특급 [총획] 17획 [부수] 山 [획순] 山 山 山 嶼 嶼 嶼	島嶼 도서
浦	**개 포** [난이도] 읽기 3급II 쓰기 2급 [총획] 10획 [부수] 氵 [획순] 氵 氵 汀 洧 浦 浦	浦口 포구
渚	**모래톱 저** [난이도] 읽기 특급II [총획] 12획 [부수] 氵 [획순] 氵 氵 汢 浐 渚 渚	渚岸 저안
汀	**물가 정** [난이도] 쓰기 특급II [총획] 5획 [부수] 氵 [획순] 丶 氵 氵 汀 汀	蘆汀 노정
洲	**물 주** [난이도] 읽기 3급II 쓰기 2급 [총획] 9획 [부수] 氵 [획순] 氵 氵 氵 沙 洲 洲	三角洲 삼각주
潮	**아침 조수 조** [난이도] 읽기 4급 쓰기 3급 [총획] 15획 [부수] 氵 [획순] 氵 氵 泋 淖 潮 潮	潮水 조수
汐	**저녁 조수 석** [난이도] 읽기 특급II [총획] 6획 [부수] 氵 [획순] 丶 丶 氵 氵 汐 汐	汐水 석수
波	**물결 파** [난이도] 읽기 4급II 쓰기 3급II [총획] 8획 [부수] 氵 [획순] 丶 氵 氵 汇 波 波	波動 파동
浪	**물결 랑** [난이도] 읽기 3급II 쓰기 2급 [총획] 10획 [부수] 氵 [획순] 丶 氵 氵 沪 浪 浪	激浪 격랑
泥	**진흙 니** [난이도] 읽기 3급II 쓰기 2급 [총획] 8획 [부수] 氵 [획순] 丶 氵 氵 沪 泥 泥	泥工 이공
沙	**모래 사** [난이도] 읽기 3급II 쓰기 2급 [총획] 7획 [부수] 氵 [획순] 丶 氵 氵 汌 沙 沙	沙漠 사막
泡	**거품 포** [난이도] 읽기 1급 쓰기 특급 [총획] 8획 [부수] 氵 [획순] 丶 氵 氵 泃 泃 泡	泡沫 포말
漚	**물거품 구** [난이도] 읽기 특급 [총획] 14획 [부수] 氵 [획순] 氵 汇 沔 漚 漚 漚	漚鬱 구울

國

나라 국

[난이도] 읽기 8급 쓰기 6급II [총획] 11획 [부수] 口
[획순] 冂 冃 冋 國 國 國

國家 국가

邑

고을 읍

[난이도] 읽기 7급 쓰기 6급 [총획] 7획 [부수] 邑
[획순] ㄇ 口 吕 吊 邑 邑

都邑 도읍

京

서울 경

[난이도] 읽기 6급 쓰기 5급 [총획] 8획 [부수] 亠
[획순] 亠 亡 古 亨 京 京

京畿 경기

鄉

시골 향

[난이도] 읽기 4급II 쓰기 3급II [총획] 13획 [부수] 阝
[획순] 纟 乡 乡 鄉 鄉 鄉

故鄉 고향

郡

고을 군

[난이도] 읽기 6급 쓰기 5급 [총획] 10획 [부수] 阝
[획순] ヨ 尹 君 君 郡 郡

郡廳 군청

縣

고을 현

[난이도] 읽기 3급 쓰기 2급 [총획] 16획 [부수] 糸
[획순] 目 県 県 縣 縣 縣

縣監 현감

州

고을 주

[난이도] 읽기 5급II 쓰기 4급II [총획] 6획 [부수] 川
[획순] ╯ 丿 ﾘ 州 州 州

州都 주도

都

도읍 도

[난이도] 읽기 5급 쓰기 4급 [총획] 12획 [부수] 阝
[획순] 十 耂 者 者 都 都

都市 도시

鄰

이웃 린

[난이도] 읽기 특급 [총획] 15획 [부수] 阝
[획순] 米 米 粦 粦 鄰 鄰

唐鄰 당린

里

마을 리

[난이도] 읽기 7급 쓰기 6급 [총획] 7획 [부수] 里
[획순] 冂 日 日 甲 里 里

里長 이장

市

저자 시

[난이도] 읽기 7급II 쓰기 6급 [총획] 5획 [부수] 巾
[획순] 丶 亠 广 市 市

市場 시장

井

우물 정

[난이도] 읽기 3급II 쓰기 2급 [총획] 4획 [부수] 二
[획순] 一 二 井 井

市井 시정

城

내성 성

[난이도] 읽기 4급II 쓰기 3급II [총획] 10획 [부수] 土
[획순] 圵 圻 城 城 城

城郭 성곽

郭

외성 곽

[난이도] 읽기 3급 쓰기 2급 [총획] 11획 [부수] 阝
[획순] 亠 亩 享 享 郭 郭

郭公 곽공

村

마을 촌

[난이도] 읽기 7급 쓰기 6급 [총획] 7획 [부수] 木
[획순] 十 才 木 村 村 村

農村 농촌

閭

동네 문 려

[난이도] 읽기 1급 쓰기 특급 [총획] 15획 [부수] 門
[획순] 𠁣 𠃛 門 門 閂 閭

閭閻 여염

街

거리 가

[난이도] 읽기 4급II 쓰기 3급II [총획] 12획 [부수] 行
[획순] 彳 彳 徍 徍 徍 街

街路 가로

巷

골목 항

[난이도] 읽기 3급 쓰기 2급 [총획] 9획 [부수] 己
[획순] 艹 共 共 巷 巷 巷

巷間 항간

蹊

좁은 길 혜

[난이도] 읽기 특급II [총획] 17획 [부수] 足
[획순] 口 𧾷 𧾷 蹊 蹊 蹊

鼠蹊 서혜

徑

지름길 경

[난이도] 읽기 3급II 쓰기 2급 [총획] 10획 [부수] 彳
[획순] 彳 彳 徑 徑 徑 徑

直徑 직경

道

길 도

[난이도] 읽기 7급II 쓰기 6급 [총획] 13획 [부수] 辶
[획순] 䒑 首 首 道 道 道

道理 도리

路

길 로

[난이도] 읽기 6급 쓰기 5급 [총획] 13획 [부수] 足
[획순] 口 𧾷 𧾷 路 路 路

路線 노선

橋

다리 교

[난이도] 읽기 5급 쓰기 4급 [총획] 16획 [부수] 木
[획순] 十 木 橋 橋 橋 橋

橋梁 교량

驛

역참 역

[난이도] 읽기 3급II 쓰기 2급 [총획] 23획 [부수] 馬
[획순] 馬 馬 驛 驛 驛 驛

驛前 역전

田

밭 전

[난이도] 읽기 4급II 쓰기 3급II [총획] 5획 [부수] 田
[획순] 丨 冂 田 田 田

田園 전원

畦

밭두둑 휴

[난이도] 읽기 특급 [총획] 11획 [부수] 田
[획순] 冂 田 田 畦 畦 畦

野畦 야휴

園

동산 원

[난이도] 읽기 6급 쓰기 5급 [총획] 13획 [부수] 口
[획순] 冂 円 園 園 園 園

公園 공원

圃

채마밭 포

[난이도] 읽기 1급 쓰기 특급 [총획] 10획 [부수] 口
[획순] 冂 冋 圃 圃 圃 圃

蘭圃 난포

境

지경 경

[난이도] 읽기 4급II 쓰기 3급II [총획] 14획 [부수] 土
[획순] 土 圹 境 境 境 境

環境 환경

界

지경 계

[난이도] 읽기 6II급 쓰기 5급II [총획] 9획 [부수] 田
[획순] 冂 田 田 界 界 界

世界 세계

阡

밭길 천

[난이도] 읽기 특급II [총획] 6획 [부수] 阝
[획순] 了 阝 阝 阡 阡 阡

阡陌 천맥

陌

밭길 맥

[난이도] 읽기 특급II [총획] 9획 [부수] 阝
[획순] 阝 阝 陌 陌 陌 陌

阡陌 천맥

金
쇠 금
[총획] 8획 [부수] 金
[획순] 𠆢 亼 今 全 金 金
稅金 세금

銀
은 은
[난이도] 읽기 6급 쓰기 5급 [총획] 14획 [부수] 金
[획순] 𠆢 수 金 釕 鉀 銀
水銀 수은

銅
구리 동
[난이도] 읽기 4급II 쓰기 3급II [총획] 14획 [부수] 金
[획순] 𠆢 수 金 釦 銅 銅
銅像 동상

鐵
시우 철
[난이도] 읽기 5급 쓰기 4급 [총획] 21획 [부수] 金
[획순] 金 金 釒 鉎 鐵 鐵
鐵道 철도

鍮
놋쇠 유
[난이도] 읽기 1급 쓰기 특급 [총획] 17획 [부수] 金
[획순] 𠆢 수 金 鈐 鍮 鍮
鍮器 유기

鉛
납 연
[난이도] 읽기 4급 쓰기 3급 [총획] 13획 [부수] 金
[획순] 𠆢 수 金 金 鉛 鉛
亞鉛 아연

鑞
땜납 랍
[총획] 23획 [부수] 金
[획순] 金 釒 鉀 鏁 鑞 鑞
鑞紙 납지

錫
주석 석
[난이도] 쓰기 특급II [총획] 16획 [부수] 金
[획순] 𠆢 수 金 鉀 錫 錫
巡錫 순석

珠
진주 주
[난이도] 읽기 3급II 쓰기 2급 [총획] 10획 [부수] 王
[획순] 丅 王 玌 玝 珠 珠
珍珠 진주

玉
구슬 옥
[난이도] 읽기 4급II 쓰기 3급II [총획] 5획 [부수] 玉
[획순] 一 丁 干 王 玉
玉篇 옥편

寶
보배 보
[난이도] 읽기 4급II 쓰기 3급II [총획] 20획 [부수] 宀
[획순] 宀 宀 寶 寶 寶 寶
寶物 보물

貝
자개 패
[난이도] 읽기 3급 쓰기 2급 [총획] 7획 [부수] 貝
[획순] 冂 冃 月 目 貝 貝
貝物 패물

錢
돈 전
[난이도] 읽기 4급 쓰기 3급 [총획] 16획 [부수] 金
[획순] 수 金 鈛 錢 錢 錢
銅錢 동전

幣
폐백 폐
[난이도] 읽기 3급 쓰기 2급 [총획] 15획 [부수] 巾
[획순] 㡀 㡀 敝 敝 幣 幣
貨幣 화폐

圭
서옥 규
[난이도] 쓰기 특급II [총획] 6획 [부수] 土
[획순] 一 十 土 圭 圭 圭
圭田 규전

璧
구슬 벽
[난이도] 읽기 1급 쓰기 특급 [총획] 18획 [부수] 玉
[획순] 尸 吊 辟 辟 璧 璧
雙璧 쌍벽

炬

해 거

[난이도] 읽기 특급II [총획] 9획 [부수] 火

[획순] 丷 ナ 火 灯 炬 炬

炬眼 거안

燎

동해 료

[난이도] 읽기 1급 쓰기 특급 [총획] 16획 [부수] 火

[획순] 火 炊 炊 燎 燎 燎

燭燎 촉료

燈

등 등

[난이도] 읽기 4급II 쓰기 3급II [총획] 16획 [부수] 火

[획순] 火 火 炏 燈 燈 燈

燈油 등유

燭

초 촉

[난이도] 읽기 3급 쓰기 2급 [총획] 17획 [부수] 火

[획순] 火 灯 炉 焗 燭 燭

樺燭 화촉

薪

섶 신

[난이도] 읽기 1급 쓰기 특급 [총획] 17획 [부수] 艹

[획순] 艹 芊 菩 薪 薪 薪

薪炭 신탄

柴

섶 시

[난이도] 쓰기 특급II [총획] 10획 [부수] 木

[획순] 卜 止 止 此 柴 柴

柴扉 시비

炭

숯 탄

[난이도] 읽기 5급 쓰기 4급 [총획] 9획 [부수] 火

[획순] 山 山 山 屵 岸 炭

炭素 탄소

灰

재 회

[난이도] 읽기 4급 쓰기 3급 [총획] 6획 [부수] 火

[획순] 一 ナ ナ 灰 灰 灰

灰色 회색

硝

화약 초

[난이도] 읽기 1급 쓰기 특급 [총획] 12획 [부수] 石

[획순] 丆 石 石 矿 硝 硝

硝石 초석

硫

유황 류

[난이도] 읽기 2급 쓰기 1급 [총획] 12획 [부수] 石

[획순] 丆 石 石 矿 硫 硫

硫黃 유황

烽

봉화 봉

[난이도] 읽기 1급 쓰기 특급 [총획] 11획 [부수] 火

[획순] 丷 火 炉 炵 烽 烽

烽火 봉화

燧

부싯돌 수

[난이도] 읽기 특급II [총획] 17획 [부수] 火

[획순] 丷 火 炏 焲 燧 燧

燧石 수석

熛

불똥 표

[총획] 15획 [부수] 火

[획순] 丷 火 炉 煙 熛 熛

焰

불꽃 염

[난이도] 읽기 1급 쓰기 특급 [총획] 12획 [부수] 火

[획순] 丷 火 炉 焰 焰 焰

火焰 화염

烟

연기 연

[난이도] 읽기 특급II [총획] 10획 [부수] 火

[획순] 丷 火 灯 炯 烟 烟

有烟炭 유연탄

煤

그을음 매

[난이도] 읽기 1급 쓰기 특급 [총획] 13획 [부수] 火

[획순] 丷 火 炪 烘 煤 煤

煤煙 매연

草

풀 초

[난이도] 읽기 7급 쓰기 6급 [총획] 10획 [부수] 艹
[획순] 艹 艹 芇 苩 荁 草

草木 초목

木

나무 목

[난이도] 읽기 8급 쓰기 6급II [총획] 4획 [부수] 木
[획순] 一 十 才 木

木工 목공

禾

벼 화

[난이도] 읽기 3급 쓰기 2급 [총획] 5획 [부수] 禾
[획순] 一 二 千 矛 禾

禾草 화초

穀

곡식 곡

[난이도] 읽기 4급 쓰기 3급 [총획] 15획 [부수] 禾
[획순] 穀

穀食 곡식

菜

나물 채

[난이도] 읽기 3급II 쓰기 2급 [총획] 12획 [부수] 艹
[획순] 艹 艹 芇 苹 菜 菜

菜蔬 채소

蔬

나물 소

[난이도] 읽기 3급 쓰기 2급 [총획] 16획 [부수] 艹
[획순] 蔬

蔬飯 소반

花

꽃 화

[난이도] 읽기 7급 쓰기 6급 [총획] 8획 [부수] 艹
[획순] 艹 艹 艹 花 花 花

花草 화초

藥

약초 약

[난이도] 읽기 6급II 쓰기 5급II [총획] 19획 [부수] 艹
[획순] 藥

藥局 약국

芝

지초 지

[난이도] 쓰기 특급II [총획] 8획 [부수] 艹
[획순] 艹 艹 艹 艹 芝 芝

靈芝 영지

蘭

난초 란

[난이도] 읽기 3급II 쓰기 2급 [총획] 21획 [부수] 艹
[획순] 蘭

蘭草 난초

蕙

혜초 혜

[난이도] 읽기 특급II [총획] 16획 [부수] 艹
[획순] 蕙

蕙草 혜초

菖

창포 창

[난이도] 읽기 1급 쓰기 특급 [총획] 12획 [부수] 艹
[획순] 艹 芇 苜 菖 菖 菖

菖蒲 창포

蔘

인삼 삼

[총획] 13획 [부수] 艹
[획순] 蔘

朮

엉겅퀴 출

[난이도] 읽기 특급II [총획] 5획 [부수] 木
[획순] 一 十 才 朮 朮

白朮 백출

芎

궁궁이 궁

[난이도] 읽기 특급II [총획] 7획 [부수] 艹
[획순] 艹 艹 艹 芎

川芎 천궁

芍

함박꽃 작

[난이도] 읽기 1급 쓰기 특급 [총획] 7획 [부수] 艹
[획순] 艹 艹 艹 芍 芍

山芍藥 산작약

蒲

부들 포

[난이도] 읽기 1급 쓰기 특급 [총획] 14획 [부수] 艹

[획순] 艹 艹 莆 蒲 蒲 蒲

蒲菹 포저

艾

쑥 애

[난이도] 쓰기 특급II [총획] 6획 [부수] 艹

[획순] 一 十 艹 艹 艾 艾

江艾 강애

蓬

쑥 봉

[난이도] 쓰기 특급II [총획] 15획 [부수] 艹

[획순] 艹 艽 茟 蓬 蓬 蓬

蓬萊 봉래

蒿

다북쑥 호

[난이도] 읽기 특급II [총획] 14획 [부수] 艹

[획순] 艹 艹 艹 蒿 蒿 蒿

茼蒿 동호

茅

띠 모

[난이도] 쓰기 특급II [총획] 9획 [부수] 艹

[획순] 一 艹 艹 芧 茅 茅

茅塞 모색

莎

떼 사

[난이도] 읽기 특급II [총획] 11획 [부수] 艹

[획순] 一 艹 艹 艹 莎 莎

莎草 사초

蘆

갈대 로

[난이도] 쓰기 특급II [총획] 20획 [부수] 艹

[획순] 艹 芦 芦 蘆 蘆 蘆

長蘆 장로

荻

물억새 적

[난이도] 읽기 특급II [총획] 11획 [부수] 艹

[획순] 一 艹 艹 艹 荻 荻

蘆荻 노적

荼

씀바귀 도

[난이도] 읽기 특급 [총획] 11획 [부수] 艹

[획순] 一 艹 艹 苓 荼 荼

荼菜 도채

蓼

여뀌 료

[난이도] 읽기 특급II [총획] 15획 [부수] 艹

[획순] 艹 艹 艹 蓼 蓼 蓼

水蓼 수료

薇

고비 미

[난이도] 읽기 1급 쓰기 특급 [총획] 17획 [부수] 艹

[획순] 艹 艹 艹 薇 薇 薇

薔薇 장미

蕨

고사리 궐

[난이도] 읽기 특급II [총획] 16획 [부수] 艹

[획순] 艹 芦 芦 蕨 蕨 蕨

蕨菜 궐채

蓮

연밥 련

[난이도] 읽기 3급II 쓰기 2급 [총획] 15획 [부수] 艹

[획순] 艹 苩 苴 蓮 蓮 蓮

蓮根 연근

荷

연꽃 하

[난이도] 읽기 3급II 쓰기 2급 [총획] 11획 [부수] 艹

[획순] 艹 艹 荷 荷 荷 荷

蓮荷 연하

薔

장미 장

[난이도] 읽기 1급 쓰기 특급 [총획] 17획 [부수] 艹

[획순] 艹 艹 艹 薔 薔 薔

薔薇 장미

菊

국화 국

[난이도] 읽기 3급II 쓰기 2급 [총획] 12획 [부수] 艹

[획순] 一 艹 艹 菊 菊 菊

菊花 국화

葡
포도 포
[난이도] 쓰기 특급II [총획] 13획 [부수] 艹
[획순] 艹 芍 荀 荀 葡 葡
葡萄酒 포도주

萄
포도 도
[난이도] 읽기 1급 쓰기 특급 [총획] 12획 [부수] 艹
[획순] 艹 芍 芍 萄 萄 萄
葡萄 포도

藤
덩굴 등
[난이도] 읽기 2급 쓰기 1급 [총획] 19획 [부수] 艹
[획순] 艹 蔣 蔣 藤 藤 藤
葛藤 갈등

葛
칡 갈
[난이도] 읽기 2급 쓰기 1급 [총획] 13획 [부수] 艹
[획순] 艹 艹 苩 葛 葛 葛
葛根 갈근

芭
파초 파
[난이도] 읽기 1급 쓰기 특급 [총획] 8획 [부수] 艹
[획순] 十 艹 艹 艹 芭 芭
芭蕉 파초

蕉
파초 초
[난이도] 읽기 1급 쓰기 특급 [총획] 16획 [부수] 艹
[획순] 艹 芢 芢 蕉 蕉 蕉
蕉葉 초엽

藍
쪽 람
[난이도] 읽기 2급 쓰기 1급 [총획] 18획 [부수] 艹
[획순] 艹 芦 藍 藍 藍 藍
伽藍 가람

茜
꼭두서니 천
[총획] 10획 [부수] 艹
[획순] 艹 芇 茜 茜 茜 茜
茜根 천근

葵
아욱 규
[난이도] 읽기 1급 쓰기 특급 [총획] 13획 [부수] 艹
[획순] 艹 芀 芺 葵 葵 葵
蜀葵 촉규

藿
콩잎 곽
[난이도] 읽기 1급 쓰기 특급 [총획] 20획 [부수] 艹
[획순] 艹 苶 蒂 藿 藿 藿
藿稅 곽세

芹
미나리 근
[난이도] 읽기 특급II [총획] 8획 [부수] 艹
[획순] 十 艹 艹 芦 芹 芹
芹宮 근궁

薺
냉이 제
[난이도] 읽기 특급II [총획] 18획 [부수] 艹
[획순] 艹 艹 芓 薺 薺 薺
薺湯 제탕

茄
가지 가
[난이도] 읽기 특급II [총획] 9획 [부수] 艹
[획순] 十 艹 艼 茄 茄 茄
茄性 가성

芋
토란 우
[난이도] 읽기 특급II [총획] 7획 [부수] 艹
[획순] 十 十 艹 芏 芋 芋
芋山島 우산도

薯
감자 서
[난이도] 읽기 1급 쓰기 특급 [총획] 18획 [부수] 艹
[획순] 艹 蓍 薯 薯 薯 薯
甘薯 감서

莧
비름 현
[난이도] 읽기 특급 [총획] 11획 [부수] 艹
[획순] 艹 芇 苜 苜 莧 莧
莧菜 현채

菘

배추 숭

[총획] 12획 [부수] 艹

[획순] 艹 艹 芣 芣 菘 菘

菘菜 숭채

菁

순무 정

[난이도] 읽기 특급II [총획] 12획 [부수] 艹

[획순] 艹 苹 菁 菁 菁 菁

菁莪 청아

芥

겨자 개

[난이도] 읽기 1급 쓰기 특급 [총획] 8획 [부수] 艹

[획순] 艹 艹 芢 芢 芥 芥

芥舟 개주

葑

무 봉

[난이도] 읽기 특급 [총획] 13획 [부수] 艹

[획순] 艹 芏 芏 葑 葑 葑

葑田 봉전

韭

부추 구

[난이도] 읽기 특급 [총획] 9획 [부수] 韭

[획순] 丨 ‖ 非 非 非 韭

家韭子 가구자

鬒

염교 해

[총획] 23획 [부수] 艹

[획순] 艹 芇 䒤 䕈 䕈 䕈

蔥

파 총

[난이도] 읽기 특급II [총획] 15획 [부수] 艹

[획순] 艹 芇 茵 茵 蒽 蔥

蔥蔥 총총

薑

생강 강

[난이도] 읽기 1급 쓰기 특급 [총획] 17획 [부수] 艹

[획순] 艹 芇 苗 萺 薑 薑

生薑 생강

瓜

오이 과

[난이도] 읽기 2급 쓰기 1급 [총획] 5획 [부수] 瓜

[획순] ㇀ 厂 爪 瓜 瓜

瓜年 과년

瓠

박 호

[난이도] 읽기 특급II [총획] 11획 [부수] 瓜

[획순] 大 夸 夸 瓠 瓠 瓠

瓠落 호락

菌

버섯 균

[난이도] 읽기 3급II 쓰기 2급 [총획] 12획 [부수] 艹

[획순] 艹 芇 芇 菌 菌 菌

細菌 세균

蕈

버섯 심

[총획] 16획 [부수] 艹

[획순] 艹 苗 苗 蕈 蕈 蕈

松蕈 송심

萵

상추 와

[총획] 13획 [부수] 艹

[획순] 艹 芇 苖 萵 萵 萵

苣萵 거와

苣

상추 거

[총획] 9획 [부수] 艹

[획순] 艹 艹 苎 苣 苣 苣

苣勝 거승

蒜

마늘 산

[난이도] 읽기 특급II [총획] 14획 [부수] 艹

[획순] 艹 芸 苧 蒜 蒜 蒜

蒜炙 산적

蘘

양하 양

[총획] 21획 [부수] 艹

[획순] 艹 艹 艹 蘘 蘘 蘘

蘘荷 양하

松

소나무 송

[난이도] 읽기 4급 쓰기 3급 [총획] 8획 [부수] 木
[획순] 一 十 木 杁 松 松

松柏 송백

柏

측백나무 백

[난이도] 읽기 2급 쓰기 1급 [총획] 9획 [부수] 木
[획순] 十 才 木 木 柏 柏 柏

冬柏 동백

檜

전나무 회

[난이도] 쓰기 특급II [총획] 17획 [부수] 木
[획순] 木 桧 檜 檜 檜 檜

檜皮 회피

杉

삼나무 삼

[난이도] 읽기 특급II [총획] 7획 [부수] 木
[획순] 十 才 木 木 杉 杉

春杉 춘삼

梧

오동나무 오

[난이도] 읽기 2급 쓰기 1급 [총획] 11획 [부수] 木
[획순] 十 木 朾 梧 梧 梧

梧秋 오추

桐

오동나무 동

[난이도] 읽기 2급 쓰기 1급 [총획] 10획 [부수] 木
[획순] 十 木 桐 桐 桐 桐

箭桐 전동

梓

가래나무 재

[난이도] 읽기 특급II [총획] 11획 [부수] 木
[획순] 十 木 杧 杧 梓 梓

梓宮 재궁

榛

옻나무 진

[총획] 15획 [부수] 木
[획순] 十 木 榛 榛 榛 榛

楡

느릅나무 유

[난이도] 쓰기 특급II [총획] 13획 [부수] 木
[획순] 十 木 楡 楡 楡 楡

山楡 산유

槐

회화나무 괴

[난이도] 쓰기 특급II [총획] 14획 [부수] 木
[획순] 十 木 槐 槐 槐 槐

槐夢 괴몽

楊

버들 양

[난이도] 읽기 3급 쓰기 2급 [총획] 13획 [부수] 木
[획순] 十 木 楊 楊 楊 楊

楊枝 양지

柳

버들 류

[난이도] 읽기 4급 쓰기 3급 [총획] 9획 [부수] 木
[획순] 十 木 柳 柳 柳 柳

柳眉 유미

橡

상수리나무 상

[난이도] 읽기 특급II [총획] 16획 [부수] 木
[획순] 十 木 橡 橡 橡 橡

草橡 초상

檟

개오동나무 가

[난이도] 읽기 특급 [총획] 17획 [부수] 木
[획순] 十 木 檟 檟 檟 檟

檟木 가목

榛

개암나무 진

[난이도] 읽기 특급II [총획] 14획 [부수] 木
[획순] 十 木 榛 榛 榛 榛

榛穢 진예

栗

밤 률

[난이도] 읽기 3급II 쓰기 2급 [총획] 10획 [부수] 木
[획순] 襾 襾 襾 栗 栗 栗

棗栗 조율

檀

박달나무 단

[난이도] 읽기 4급II 쓰기 3급II [총획] 17획 [부수] 木

[획순] † 木 栌 檀 檀 檀

檀君 단군

榧

비자나무 비

[난이도] 읽기 특급II [총획] 14획 [부수] 木

[획순] † 木 朾 杛 榧 榧

榧子 비자

椒

산초나무 초

[난이도] 읽기 특급II [총획] 12획 [부수] 木

[획순] † 木 朩 椃 椒 椒

唐椒 당초

桂

계수나무 계

[난이도] 읽기 3급II 쓰기 2급 [총획] 10획 [부수] 木

[획순] † 木 杜 桂 桂 桂

桂月 계월

梅

매화 매

[난이도] 읽기 3급II 쓰기 2급 [총획] 11획 [부수] 木

[획순] † 木 朽 栴 梅 梅

探梅 탐매

杏

살구 행

[난이도] 쓰기 특급II [총획] 7획 [부수] 木

[획순] 十 オ 木 杏 杏 杏

杏花 행화

桃

복숭아 도

[난이도] 읽기 3급II 쓰기 2급 [총획] 10획 [부수] 木

[획순] † 木 杊 杊 桃 桃

桃園 도원

李

오얏 리

[난이도] 읽기 6급 쓰기 5급 [총획] 7획 [부수] 木

[획순] 十 オ 木 李 李 李

李花 이화

柿

감나무 시

[난이도] 읽기 1급 쓰기 특급 [총획] 9획 [부수] 木

[획순] † 木 朩 杧 柿 柿

乾柿 건시

棗

대추 조

[난이도] 읽기 1급 쓰기 특급 [총획] 12획 [부수] 木

[획순] 十 市 朿 朿 棗 棗

霹棗木 벽조목

梨

배나무 리

[난이도] 읽기 3급 쓰기 2급 [총획] 11획 [부수] 木

[획순] 千 禾 利 利 梨 梨

梨子 이자

楸

개오동나무 추

[난이도] 쓰기 특급II [총획] 13획 [부수] 木

[획순] † 木 杆 秋 楸 楸

省楸 성추

橘

귤 귤

[난이도] 읽기 1급 쓰기 특급 [총획] 16획 [부수] 木

[획순] † 木 杼 柕 橘 橘

柑橘 감귤

柚

유자 유

[난이도] 읽기 1급 쓰기 특급 [총획] 9획 [부수] 木

[획순] † 木 杣 柚 柚 柚

柚子 유자

柑

귤 감

[난이도] 읽기 1급 쓰기 특급 [총획] 9획 [부수] 木

[획순] † 木 木 柑 柑 柑

蜜柑 밀감

枳

탱자 지

[난이도] 읽기 1급 쓰기 특급 [총획] 9획 [부수] 木

[획순] † 木 杷 枳 枳 枳

枳擬 지의

梔

치자 치

[난이도] 읽기 특급II [총획] 11획 [부수] 木

[획순] 十 木 杧 栀 梔 梔

梔子 치자

榴

석류 류

[난이도] 읽기 특급II [총획] 14획 [부수] 木

[획순] 十 木 栁 榴 榴 榴

石榴 석류

櫻

앵두 앵

[난이도] 읽기 1급 쓰기 특급 [총획] 21획 [부수] 木

[획순] 十 木 栶 櫻 櫻 櫻

櫻月 앵월

柰

사과 내

[난이도] 읽기 특급II [총획] 9획 [부수] 木

[획순] 十 木 夲 李 柰 柰

柰乙 내을

楓

단풍 풍

[난이도] 읽기 3급II 쓰기 2급 [총획] 13획 [부수] 木

[획순] 十 木 机 楓 楓 楓

丹楓 단풍

楮

닥나무 저

[난이도] 읽기 특급II [총획] 13획 [부수] 木

[획순] 十 木 朩 栳 楮 楮

楮錢 저전

棣

산앵두나무 체

[난이도] 읽기 특급 [총획] 12획 [부수] 木

[획순] 十 木 村 棣 棣 棣

棠棣 당체

棠

아가위 당

[난이도] 읽기 1급 쓰기 특급 [총획] 12획 [부수] 木

[획순] 丷 ⺌ 尚 堂 棠 棠

棠軒 당헌

桑

뽕나무 상

[난이도] 읽기 3급II 쓰기 2급 [총획] 10획 [부수] 木

[획순] 又 叒 叒 叒 桑 桑

農桑 농상

柘

산뽕나무 자

[난이도] 읽기 특급 [총획] 9획 [부수] 木

[획순] 十 木 杧 柘 柘 柘

桑柘 상자

杻

박달나무 뉴

[난이도] 읽기 특급II [총획] 8획 [부수] 木

[획순] 十 木 杻 杻 杻 杻

木杻 목추

檗

황벽나무 벽

[난이도] 읽기 특급II [총획] 17획 [부수] 木

[획순] 尸 启 辟 辟 檗 檗

黃檗 황벽

竹

대 죽

[난이도] 읽기 4급II 쓰기 3급II [총획] 6획 [부수] 竹

[획순] ノ 𠂉 亇 竹 竹 竹

爆竹 폭죽

竿

대줄기 간

[난이도] 읽기 1급 쓰기 특급 [총획] 9획 [부수] 竹

[획순] ⺮ ⺮ 竺 竺 竿 竿

竹竿 죽간

筍

죽순 순

[난이도] 읽기 1급 쓰기 특급 [총획] 12획 [부수] 竹

[획순] ⺮ ⺮ 笱 筍 筍 筍

石筍 석순

篁

대숲 황

[난이도] 읽기 특급II [총획] 15획 [부수] 竹

[획순] ⺮ 笁 篁 篁 篁 篁

笙篁 생황

樹 나무 수
[난이도] 읽기 6급 쓰기 5급 [총획] 16획 [부수] 木
[획순] 十 木 朩 植 樹 樹
植樹 식수

林 수풀 림
[난이도] 읽기 7급 쓰기 6급 [총획] 8획 [부수] 木
[획순] 十 木 木 村 材 林
山林 산림

菓 나무 열매 과
[난이도] 읽기 2급 쓰기 1급 [총획] 12획 [부수] 艹
[획순] 艹 苜 苜 菓 菓 菓
茶菓 다과

蓏 풀 열매 라
[총획] 14획 [부수] 艹
[획순] 艹 广 芹 菰 蓏 蓏
果蓏 과라

根 뿌리 근
[난이도] 읽기 6급 쓰기 5급 [총획] 10획 [부수] 木
[획순] 十 木 朩 朩 根 根
根據 근거

荄 풀뿌리 해
[총획] 10획 [부수] 艹
[획순] 艹 芏 芠 芠 荄 荄
.

材 재목 재
[난이도] 읽기 5급II 쓰기 4급II [총획] 7획 [부수] 木
[획순] 十 才 木 朩 村 材
素材 소재

幹 나무 밑동 간
[난이도] 읽기 3급II 쓰기 2급 [총획] 13획 [부수] 干
[획순] 十 古 卓 幹 幹 幹
根幹 근간

枝 가지 지
[난이도] 읽기 3급II 쓰기 2급 [총획] 8획 [부수] 木
[획순] 十 才 朩 朩 杪 枝
枝葉 지엽

葉 잎사귀 엽
[난이도] 읽기 5급 쓰기 4급 [총획] 13획 [부수] 艹
[획순] 艹 苹 苹 苹 葉 葉
落葉 낙엽

莖 풀 줄기 경
[난이도] 읽기 1급 쓰기 특급 [총획] 11획 [부수] 艹
[획순] 艹 芊 苹 茎 茎 莖
陰莖 음경

節 대마디 절
[난이도] 읽기 5급II 쓰기 4급II [총획] 15획 [부수] 竹
[획순] 𥫗 笁 笁 節 節 節
節次 절차

蘂 꽃술 예
[난이도] 읽기 특급II [총획] 20획 [부수] 艹
[획순] 艹 芯 芯 蕊 蘂 蘂
蘂國 예국

蕚 꽃받침 악
[총획] 13획 [부수] 艹
[획순] 艹 苎 苎 苗 苗 蕚
蕚片 악편

蒂 꼭지 체
[총획] 13획 [부수] 艹
[획순] 艹 芇 芇 芇 蒂 蒂
.

蔓 덩굴 만
[난이도] 읽기 1급 쓰기 특급 [총획] 15획 [부수] 艹
[획순] 艹 芇 苜 莫 蔓 蔓
蔓延 만연

黍 기장 서
[난이도] 읽기 1급 쓰기 특급 [총획] 12획 [부수] 黍
[획순] 一 千 禾 禾 黍 黍
黍皮 서피

稷 피 직
[난이도] 쓰기 특급II [총획] 15획 [부수] 禾
[획순] 千 禾 和 稈 稷 稷
社稷壇 사직단

稻 벼 도
[난이도] 읽기 3급 쓰기 2급 [총획] 15획 [부수] 禾
[획순] 千 禾 秤 稍 稻 稻
稻花 도화

粱 기장 량
[난이도] 읽기 1급 쓰기 특급 [총획] 13획 [부수] 米
[획순] 氵 汈 沏 梁 粱 粱
高粱酒 고량주

菽 콩 숙
[난이도] 읽기 1급 쓰기 특급 [총획] 12획 [부수] 艹
[획순] 艹 芉 芋 菽 菽 菽
菽水 숙수

荳 콩 두
[난이도] 읽기 특급II [총획] 11획 [부수] 艹
[획순] 艹 艹 苜 苣 荳 荳
荳科 두과

牟 보리 모
[난이도] 쓰기 특급II [총획] 6획 [부수] 牛
[획순] ㄥ 厶 厸 牟 牟 牟
牟利輩 모리배

麥 보리 맥
[난이도] 읽기 3급II 쓰기 2급 [총획] 11획 [부수] 麥
[획순] 丆 双 夾 夾 麥 麥
麥酒 맥주

苧 모시풀 저
[난이도] 읽기 특급II [총획] 9획 [부수] 艹
[획순] 艹 艹 苎 苎 苎 苧
細苧 세저

麻 삼 마
[난이도] 읽기 3급II 쓰기 2급 [총획] 11획 [부수] 麻
[획순] 亠 广 广 庐 麻 麻
麻衣 마의

枲 모시풀 시
[난이도] 읽기 특급 [총획] 9획 [부수] 木
[획순] ㄥ 厶 台 台 皁 枲

棉 목화 면
[난이도] 읽기 1급 쓰기 특급 [총획] 12획 [부수] 木
[획순] 十 木 朾 桿 棉 棉
棉花 면화

蕎 메밀 교
[난이도] 읽기 특급II [총획] 16획 [부수] 艹
[획순] 艹 艹 芙 莽 蕎 蕎
蕎麥 교맥

秫 차조 출
[총획] 10획 [부수] 禾
[획순] 千 禾 秆 秫 秫 秫
秫稻 출도

秬 검은 기장 거
[난이도] 읽기 특급 [총획] 10획 [부수] 禾
[획순] 千 禾 秆 秬 秬 秬
秬黍 거서

粟 조 속
[난이도] 읽기 3급 쓰기 2급 [총획] 12획 [부수] 米
[획순] 冂 襾 襾 覀 粟 粟
罌粟 앵속

苗
싹 묘
[난이도] 읽기 3급 쓰기 2급 [총획] 9획 [부수] 艹
[획순] 艹 艹 芇 苗 苗 苗
種苗 종묘

穟
이삭 수
[난이도] 읽기 특급 [총획] 18획 [부수] 禾
[획순] 千 禾 禾 穟 穟 穟

秧
모 앙
[난이도] 읽기 1급 쓰기 특급 [총획] 10획 [부수] 禾
[획순] 千 禾 和 秧 秧 秧
移秧 이앙

粒
낟알 립
[난이도] 읽기 1급 쓰기 특급 [총획] 11획 [부수] 米
[획순] 丷 米 粒 粒 粒 粒
粒子 입자

糠
겨 강
[난이도] 읽기 1급 쓰기 특급 [총획] 17획 [부수] 米
[획순] 丷 米 粇 糖 糠 糠
粃糠 비강

米
쌀 미
[난이도] 읽기 6급 쓰기 5급 [총획] 6획 [부수] 米
[획순] 丶 丷 丷 半 米 米
白米 백미

糗
마른밥 구
[난이도] 읽기 특급 [총획] 16획 [부수] 米
[획순] 丷 米 粗 粗 糗 糗
糗餌 구이

糧
양식 량
[총획] 18획 [부수] 米
[획순] 丷 米 粐 粮 糧 糧
食糧 식량

秔
메벼 갱
[난이도] 읽기 특급 [총획] 9획 [부수] 禾
[획순] 千 禾 禾 秔 秔 秔
秔米 갱미

稬
찰벼 나
[총획] 14획 [부수] 禾
[획순] 千 禾 稬 稬 稬 稬

芻
꼴 추
[난이도] 읽기 1급 쓰기 특급 [총획] 10획 [부수] 艹
[획순] 勹 匀 芻 芻 芻 芻
反芻 반추

稾
볏짚 고
[난이도] 읽기 특급 [총획] 14획 [부수] 木
[획순] 亠 亩 高 高 稾 稾
稾離 고리

稊
돌피 제
[난이도] 읽기 특급 [총획] 12획 [부수] 禾
[획순] 千 禾 禾 稊 稊 稊
稊稗 제패

稗
피 패
[난이도] 읽기 1급 쓰기 특급 [총획] 13획 [부수] 禾
[획순] 千 禾 稗 稗 稗 稗
稗官 패관

莠
가라지 유
[난이도] 읽기 특급 [총획] 11획 [부수] 艹
[획순] 艹 艹 苐 莠 莠 莠
良莠 양유

稂
강아지풀 랑
[난이도] 읽기 특급 [총획] 12획 [부수] 禾
[획순] 千 禾 稂 稂 稂 稂
稂莠 낭유

苗 苗 穟 穟 秧 秧 粒 粒
糠 糠 米 米 糗 糗 糧 糧
秔 秔 稬 稬 芻 芻 稾 稾
稊 稊 稗 稗 莠 莠 稂 稂

鸞

난새 란

[난이도] 읽기 1급 쓰기 특급 [총획] 30획 [부수] 鳥

[획순] 言 䜌 䜌 鸞 鸞 鸞

鸞鳥 난조

鳳

봉새 봉

[난이도] 읽기 3급II 쓰기 2급 [총획] 14획 [부수] 鳥

[획순] 几 凡 凧 凧 鳳 鳳

鳳凰 봉황

鸛

황새 관

[난이도] 읽기 특급 [총획] 29획 [부수] 鳥

[획순] 艹 艹 雚 雚 鸛 鸛

鸛鳥 관조

鶴

학 학

[난이도] 읽기 3급II 쓰기 2급 [총획] 21획 [부수] 鳥

[획순] 冖 隺 隺 鶴 鶴 鶴

鶴龜 학구

鸞	鸞				
鳳	鳳				
鸛	鸛				
鶴	鶴				

鴻

큰 기러기 홍

[난이도] 읽기 3급 쓰기 2급 [총획] 17획 [부수] 鳥

[획순] 氵 汀 江 江 鴻 鴻

鴻學 홍학

鴈

기러기 안

[난이도] 읽기 특급 [총획] 15획 [부수] 鳥

[획순] 厂 𠂆 厂 雁 鴈 鴈

家鴈 가안

鳧

물오리 부

[난이도] 읽기 특급II [총획] 13획 [부수] 鳥

[획순] 冖 户 鳥 鳥 鳧 鳧

家鳧 가부

鴨

집오리 압

[난이도] 쓰기 특급II [총획] 16획 [부수] 鳥

[획순] 冂 日 甲 甲 鴨 鴨

鴨綠江 압록강

鴻	鴻				
鴈	鴈				
鳧	鳧				
鴨	鴨				

鷗

갈매기 구

[난이도] 읽기 2급 쓰기 2급 [총획] 22획 [부수] 鳥

[획순] 一 亘 區 區 鷗 鷗

色鷗 색구

鷺

해오라기 로

[난이도] 쓰기 특급II [총획] 24획 [부수] 鳥

[획순] 口 足 路 路 鷺 鷺

鷺質 노질

鵝

거위 아

[난이도] 읽기 특급II [총획] 18획 [부수] 鳥

[획순] 亻 手 我 我 鵝 鵝

鵝王 아왕

鶩

집오리 목

[난이도] 읽기 특급II [총획] 20획 [부수] 鳥

[획순] 矛 矛 敄 敄 鶩 鶩

野鶩 야목

鷗	鷗				
鷺	鷺				
鵝	鵝				
鶩	鶩				

鸎

꾀꼬리 앵

[총획] 25획 [부수] 鳥

[획순] 冂 貝 賏 賏 鸎 鸎

鸎桃 앵도

鶉

메추라기 순

[난이도] 읽기 특급 [총획] 19획 [부수] 鳥

[획순] 亠 享 享 鶉 鶉 鶉

鶉居 순거

鳩

산비둘기 구

[난이도] 읽기 1급 쓰기 특급 [총획] 13획 [부수] 鳥

[획순] 九 九 九 鳩 鳩 鳩

鳩首 구수

鴿

집비둘기 합

[총획] 17획 [부수] 鳥

[획순] 亼 合 合 鴿 鴿 鴿

白鴿 백합

鸎	鸎				
鶉	鶉				
鳩	鳩				
鴿	鴿				

鵰
독수리 조
[총획] 19획 [부수] 鳥
[획순] 冂 冃 周 周' 鵰 鵰
芝麻鵰 지마조

鷂
새매 요
[총획] 21획 [부수] 鳥
[획순] ⺤ 䍃 䍃 䍃' 鷂 鷂
雀鷂 작요

鵠
고니 곡
[난이도] 읽기 1급 쓰기 특급 [총획] 18획 [부수] 鳥
[획순] ⺧ 牛 告 告' 鵠 鵠
正鵠 정곡

鴇
느시 보
[난이도] 읽기 특급 [총획] 15획 [부수] 鳥
[획순] ヒ 七 七' 鴇 鴇
鴇科 보과

鳶
솔개 연
[난이도] 읽기 1급 쓰기 특급 [총획] 14획 [부수] 鳥
[획순] 一 弋 产 产 鳶 鳶
鳶工 연공

鷹
매 응
[난이도] 쓰기 특급II [총획] 24획 [부수] 鳥
[획순] 广 广 产 雁 鷹 鷹
鷹犬 응견

烏
까마귀 오
[난이도] 읽기 3급II 쓰기 2급 [총획] 10획 [부수] 灬
[획순] 𠂆 户 户 乌 烏 烏
三足烏 삼족오

鵲
까치 작
[난이도] 읽기 1급 쓰기 특급 [총획] 19획 [부수] 鳥
[획순] 艹 昔 昔 昔' 鵲 鵲
烏鵲橋 오작교

鵂
수리부엉이 휴
[총획] 17획 [부수] 鳥
[획순] 亻 什 休 休' 鵂 鵂
鵂鶹 휴류

梟
올빼미 효
[난이도] 읽기 특급II [총획] 11획 [부수] 木
[획순] 𠂆 户 鸟 梟 梟 梟
梟首 효수

鸚
앵무새 앵
[난이도] 읽기 특급II [총획] 28획 [부수] 鳥
[획순] 貝 貝 賏 嬰' 鸚 鸚
鸚鵡 앵무

鴷
딱따구리 렬
[총획] 17획 [부수] 鳥
[획순] 一 歹 列 列' 鴷 鴷

鷄
닭 계
[난이도] 읽기 4급 쓰기 3급 [총획] 21획 [부수] 鳥
[획순] ⺤ 奚 奚 奚' 鷄 鷄
養鷄 양계

雉
꿩 치
[난이도] 쓰기 특급II [총획] 13획 [부수] 隹
[획순] ㅗ 矢 矢 矢' 雉 雉
雉岳山 치악산

鷰
제비 연
[총획] 23획 [부수] 鳥
[획순] 艹 荁 燕 燕' 鷰 鷰
小鷰 소연

雀
참새 작
[난이도] 읽기 1급 쓰기 특급 [총획] 11획 [부수] 隹
[획순] 小 少 少' 雀 雀 雀
朱雀 주작

麟

기린 린

[난이도] 쓰기 특급II [총획] 23획 [부수] 鹿

[획순] 广 声 鹿 麟 麟 麟

麟角 인각

麋

고라니 미

[난이도] 읽기 특급 [총획] 17획 [부수] 鹿

[획순] 广 声 鹿 鹿 麋 麋

麋鹿 미록

麕

노루 균

[난이도] 읽기 특급 [총획] 19획 [부수] 鹿

[획순] 广 声 鹿 鹿 麕 麕

鹿

사슴 록

[난이도] 읽기 3급 쓰기 2급 [총획] 11획 [부수] 鹿

[획순] 广 户 声 声 鹿 鹿

白鹿潭 백록담

虎

범 호

[난이도] 읽기 3급II 쓰기 2급 [총획] 8획 [부수] 虍

[획순] ⺊ 广 卢 虍 虍 虎

猛虎 맹호

豹

표범 표

[난이도] 읽기 1급 쓰기 특급 [총획] 10획 [부수] 豸

[획순] 丿 乡 豸 豸 豹 豹

虎豹 호표

象

코끼리 상

[난이도] 읽기 4급 쓰기 3급 [총획] 12획 [부수] 豕

[획순] ⺈ 缶 免 争 象 象

現象 현상

犀

물소 서

[난이도] 읽기 1급 쓰기 특급 [총획] 12획 [부수] 牛

[획순] コ 尸 尸 尸 犀 犀

犀角 서각

兎

토끼 토

[난이도] 읽기 특급II [총획] 8획 [부수] 儿

[획순] 一 丆 百 百 争 兎

兎月 토월

獺

수달 달

[난이도] 읽기 특급II [총획] 19획 [부수] 犭

[획순] 犭 犭 獭 獭 獺 獺

水獺 수달

貂

담비 초

[난이도] 읽기 1급 쓰기 특급 [총획] 12획 [부수] 豸

[획순] 丿 豸 豸 豹 貂 貂

貂皮 초피

鼯

청설모 오

[총획] 20획 [부수] 鼠

[획순] 臼 臼 臼 鼠 鼯 鼯

鼯鼠 오서

豺

승냥이 시

[난이도] 읽기 1급 쓰기 특급 [총획] 10획 [부수] 豸

[획순] 丿 豸 豸 豸 豺 豺

豺狼 시랑

狼

이리 랑

[난이도] 읽기 1급 쓰기 특급 [총획] 10획 [부수] 犭

[획순] 犭 犭 犭 犭 狠 狼

狼藉 낭자

狐

여우 호

[난이도] 읽기 1급 쓰기 특급 [총획] 8획 [부수] 犭

[획순] 犭 犭 犭 狐 狐 狐

狐媚 호미

狸

살쾡이 리

[난이도] 읽기 특급II [총획] 10획 [부수] 犭

[획순] 犭 犭 犭 狎 狸 狸

狐狸 호리

馬
말 마
[난이도] 읽기 5급 쓰기 4급 [총획] 10획 [부수] 馬
[획순] 厂 IT 甲 甲 馬 馬
馬房 마방

牛
소 우
[난이도] 읽기 5급 쓰기 4급 [총획] 4획 [부수] 牛
[획순] ノ 𠂉 二 牛
牛市場 우시장

羊
양 양
[난이도] 읽기 4급II 쓰기 3급II [총획] 6획 [부수] 羊
[획순] 丶 丷 䒑 兰 兰 羊
犧牲羊 희생양

豕
돼지 시
[난이도] 읽기 특급II [총획] 7획 [부수] 豕
[획순] 一 𠂆 丆 豕 豕 豕
豕心 시심

駒
망아지 구
[난이도] 읽기 1급 쓰기 특급 [총획] 15획 [부수] 馬
[획순] 『 馬 馬 馰 駒 駒
駒馬 구마

犢
송아지 독
[난이도] 읽기 특급II [총획] 19획 [부수] 牛
[획순] 牛 牜 犊 犢 犢 犢
犢車 독차

羔
새끼 양 고
[난이도] 읽기 특급II [총획] 10획 [부수] 羊
[획순] 丷 䒑 兰 羊 羔 羔
羔羊 고양

豚
새끼 돼지 돈
[난이도] 읽기 3급 쓰기 2급 [총획] 11획 [부수] 豕
[획순] 刀 月 月 𬜯 豚 豚
養豚 양돈

驢
당나귀 려
[난이도] 읽기 특급II [총획] 26획 [부수] 馬
[획순] 馬 馬 馿 駻 驢 驢
靑驢 청려

騾
노새 라
[총획] 21획 [부수] 馬
[획순] 『 馬 馬 騍 騾 騾
騾驢 나려

犬
개 견
[난이도] 읽기 4급 쓰기 3급 [총획] 4획 [부수] 犬
[획순] 一 ナ 大 犬
忠犬 충견

羖
염소 고
[난이도] 읽기 특급 [총획] 10획 [부수] 羊
[획순] 丷 兰 羊 羖 羖 羖
羖攊 고력

貓
고양이 묘
[난이도] 읽기 특급 [총획] 16획 [부수] 豸
[획순] 豸 豸 豸 𧳋 貓 貓
野貓 야묘

鼠
쥐 서
[난이도] 읽기 1급 쓰기 특급 [총획] 13획 [부수] 鼠
[획순] 臼 臼 臼 鼠 鼠 鼠
鼠賊 서적

熊
곰 웅
[난이도] 쓰기 특급II [총획] 14획 [부수] 灬
[획순] 厶 ⺼ 能 能 能 熊
熊膽 웅담

猿
원숭이 원
[난이도] 읽기 1급 쓰기 특급 [총획] 13획 [부수] 犭
[획순] 犭 犭 猿 猿 猿 猿
犬猿 견원

蛟
교룡 교
[난이도] 읽기 1급 쓰기 특급 [총획] 12획 [부수] 虫
[획순] 口 中 虫 虻 蛟 蛟
蛟龍 교룡

龍
용 룡
[난이도] 읽기 4급 쓰기 3급 [총획] 16획 [부수] 龍
[획순] 立 音 音 龍 龍 龍
恐龍 공룡

鯨
고래 경
[난이도] 읽기 1급 쓰기 특급 [총획] 19획 [부수] 魚
[획순] ⺈ 角 魚 鯨 鯨 鯨
鯨浪 경랑

鰐
악어 악
[난이도] 읽기 특급II [총획] 20획 [부수] 魚
[획순] ⺈ 角 魚 鰐 鰐 鰐
鰐魚 악어

魴
방어 방
[난이도] 읽기 특급 [총획] 15획 [부수] 魚
[획순] ⺈ 角 魚 魴 魴 魴
魴魚 방어

鯉
잉어 리
[난이도] 읽기 특급II [총획] 18획 [부수] 魚
[획순] ⺈ 角 魚 鯉 鯉 鯉
鯉魚 이어

鰷
송사리 조
[총획] 18획 [부수] 魚
[획순] 亻 亻 佟 修 鰷 鰷

鰣
준치 시
[총획] 21획 [부수] 魚
[획순] ⺈ 角 魚 鰣 鰣 鰣
鰣魚 시어

鯊
문절망둑 사
[난이도] 읽기 특급 [총획] 18획 [부수] 魚
[획순] 氵 沙 沙 鯊 鯊 鯊
鯊魚皮 사어피

鱸
농어 로
[총획] 27획 [부수] 魚
[획순] ⺈ 角 魚 鱸 鱸 鱸
鱸魚 노어

鮒
붕어 부
[난이도] 읽기 특급 [총획] 16획 [부수] 魚
[획순] ⺈ 角 魚 鮒 鮒 鮒
鮒魚 부어

鱨
자가사리 상
[난이도] 읽기 특급 [총획] 25획 [부수] 魚
[획순] ⺈ 角 魚 鱨 鱨 鱨
黃鱨魚 황상어

鯼
조기 종
[총획] 20획 [부수] 魚
[획순] ⺈ 角 魚 鯼 鯼 鯼
鯼魚 종어

鯖
청어 청
[난이도] 읽기 특급II [총획] 19획 [부수] 魚
[획순] ⺈ 角 魚 鯖 鯖 鯖
侯鯖 후청

鮎
메기 점
[난이도] 읽기 특급II [총획] 16획 [부수] 魚
[획순] ⺈ 角 魚 鮎 鮎 鮎
鮎魚 점어

鱺
뱀장어 려
[총획] 30획 [부수] 魚
[획순] ⺈ 角 魚 鱺 鱺 鱺
鰻鱺 만리

魨
복어 돈
[총획] 15획 [부수] 魚
[획순] 魨
角魨 각돈

鱖
쏘가리 궐
[총획] 23획 [부수] 魚
[획순] 鱖
鱖魚 궐어

鰂
오징어 적
[총획] 20획 [부수] 魚
[획순] 鰂

鰒
전복 복
[난이도] 읽기 1급 쓰기 특급 [총획] 20획 [부수] 魚
[획순] 鰒
全鰒 전복

鰍
미꾸라지 추
[난이도] 읽기 1급 쓰기 특급 [총획] 20획 [부수] 魚
[획순] 鰍
鰍魚湯 추어탕

鱓
드렁허리 선
[총획] 23획 [부수] 魚
[획순] 鱓
白鱓 백선

鰕
새우 하
[난이도] 읽기 특급II [총획] 20획 [부수] 魚
[획순] 鰕
糠鰕 강하

鰈
가자미 접
[총획] 20획 [부수] 魚
[획순] 鰈
鰈魚 접어

龜
거북 귀
[총획] 16획 [부수] 龜
[획순] 龜
龜趺 귀부

鼈
자라 별
[난이도] 읽기 1급 쓰기 특급 [총획] 25획 [부수] 黽
[획순] 鼈
鼈主簿 별주부

蟹
게 해
[난이도] 읽기 특급II [총획] 19획 [부수] 虫
[획순] 蟹
蟹文字 해문자

蟶
긴맛 정
[총획] 19획 [부수] 虫
[획순] 蟶
蟶醢 성해

蝸
달팽이 와
[난이도] 읽기 1급 쓰기 특급 [총획] 15획 [부수] 虫
[획순] 蝸
蝸舍 와사

蠃
소라 라
[난이도] 읽기 특급 [총획] 19획 [부수] 虫
[획순] 蠃
須蠃 수라

蠔
굴 호
[총획] 20획 [부수] 虫
[획순] 蠔
蠔殼 호각

蛤
대합조개 합
[난이도] 읽기 1급 쓰기 특급 [총획] 12획 [부수] 虫
[획순] 蛤
大蛤 대합

蜂
벌 봉
[난이도] 읽기 3급 쓰기 2급 [총획] 13획 [부수] 虫
[획순] 中 虫 蚙 蜂 蜂 蜂
蜂起 봉기

螘
개미 의
[총획] 16획 [부수] 虫
[획순] 中 虫 虻 蚃 螘 螘

蝴
나비 호
[난이도] 읽기 특급II [총획] 15획 [부수] 虫
[획순] 中 虫 蚶 蛄 蝴 蝴
蝴蝶 호접

蝶
나비 접
[난이도] 읽기 3급 쓰기 2급 [총획] 15획 [부수] 虫
[획순] 中 虫 蚶 蚻 蝶 蝶
蝶泳 접영

蜻
잠자리 청
[총획] 14획 [부수] 虫
[획순] 中 虫 虴 蚌 蜻 蜻
蜻蜓 청정

蜓
잠자리 정
[총획] 13획 [부수] 虫
[획순] 中 虫 虰 蚟 蜓 蜓
蝘蜓 언정

蟋
귀뚜라미 실
[난이도] 읽기 특급 [총획] 17획 [부수] 虫
[획순] 中 虫 蚽 蟋 蟋 蟋
蟋蟀 실솔

蟀
귀뚜라미 솔
[난이도] 읽기 특급 [총획] 17획 [부수] 虫
[획순] 中 虫 虻 蚿 蟀 蟀
蟋蟀聲 실솔성

蠶
누에 잠
[난이도] 읽기 2급 쓰기 1급 [총획] 24획 [부수] 虫
[획순] 旡 兓 朁 朁 蠶 蠶
養蠶 양잠

蛾
나방 아
[난이도] 읽기 특급II [총획] 13획 [부수] 虫
[획순] 中 虫 虷 蚜 蛾 蛾
蛾眉 아미

螬
굼벵이 조
[난이도] 읽기 특급 [총획] 17획 [부수] 虫
[획순] 中 虫 蚶 蝩 螬 螬
蠐螬 제조

蟬
매미 선
[난이도] 읽기 특급II [총획] 18획 [부수] 虫
[획순] 中 虫 虸 蚻 蟬 蟬
晩蟬 만선

蛛
거미 주
[난이도] 읽기 특급II [총획] 12획 [부수] 虫
[획순] 中 虫 虷 蚌 蛛 蛛
蛛絲 주사

蠅
파리 승
[난이도] 읽기 특급II [총획] 19획 [부수] 虫
[획순] 中 虫 虸 蚲 蠅 蠅
防蠅具 방승구

蚊
모기 문
[난이도] 읽기 1급 쓰기 특급 [총획] 10획 [부수] 虫
[획순] 口 中 虫 虻 蚊 蚊
蚊陣 문진

蠍
전갈 갈
[총획] 19획 [부수] 虫
[획순] 中 虫 蚆 蝎 蠍 蠍
全蠍 전갈

䵷
개구리 와
[총획] 19획 [부수] 黽
[획순]

蟾
두꺼비 섬
[난이도] 쓰기 특급II [총획] 19획 [부수] 虫
[획순] 中 虫
蟾津江 섬진강

蛇
긴 뱀 사
[난이도] 읽기 3급II 쓰기 2급 [총획] 11획 [부수] 虫
[획순] 口 中 虫 蛇
殺母蛇 살모사

蝮
살무사 복
[총획] 15획 [부수] 虫
[획순] 中 虫 蝮
蝮蛇 복사

蚓
지렁이 인
[난이도] 읽기 1급 쓰기 특급 [총획] 10획 [부수] 虫
[획순] 口 中 虫 蚓
蚯蚓 구인

蛭
거머리 질
[난이도] 읽기 특급II [총획] 12획 [부수] 虫
[획순] 口 中 虫 蛭
蛭螾 질인

螢
반딧불 형
[난이도] 읽기 3급 쓰기 2급 [총획] 16획 [부수] 虫
[획순] 螢
螢光 형광

螽
메뚜기 종
[난이도] 읽기 특급 [총획] 17획 [부수] 虫
[획순] 螽
草螽 초종

蛆
구더기 저
[총획] 11획 [부수] 虫
[획순] 口 中 虫 蛆
蛆病 저병

蠹
좀 두
[총획] 24획 [부수] 虫
[획순] 蠹
書蠹 서두

蚤
벼룩 조
[난이도] 읽기 특급II [총획] 10획 [부수] 虫
[획순] 蚤
蚤歲 조세

蝨
이 슬
[난이도] 읽기 특급II [총획] 15획 [부수] 虫
[획순] 蝨
臭蝨 취슬

蛜
쥐며느리 이
[총획] 12획 [부수] 虫
[획순] 中 虫 蛜
蛜蝛 이위

蝛
쥐며느리 위
[총획] 15획 [부수] 虫
[획순] 中 虫 蝛
蛜蝛 이위

蠛
바구미 멸
[총획] 21획 [부수] 虫
[획순] 中 虫 蠛
蠛蠓 멸몽

蠓
바구미 몽
[총획] 20획 [부수] 虫
[획순] 中 虫 蠓
蠓蚋 몽예

禽
새 금
[난이도] 읽기 3급II 쓰기 2급 [총획] 13획 [부수] 内
[획순] 𠆢 亼 侌 侌 禽 禽
家禽 가금

畜
짐승 축
[난이도] 읽기 3급II 쓰기 2급 [총획] 10획 [부수] 田
[획순] 亠 玄 玄 斋 畜 畜
屠畜 도축

犧
희생 희
[난이도] 읽기 1급 쓰기 특급 [총획] 20획 [부수] 牛
[획순] 牜 牪 牪 犠 犧 犧
伏犧氏 복희씨

牲
희생 생
[난이도] 읽기 1급 쓰기 특급 [총획] 9획 [부수] 牛
[획순] 𠂉 牛 牜 牪 牲 牲
犧牲羊 희생양

鳥
새 조
[난이도] 읽기 4급II 쓰기 3급II [총획] 11획 [부수] 鳥
[획순] 𠂆 户 户 鸟 鳥 鳥
吉鳥 길조

獸
짐승 수
[난이도] 읽기 3급II 쓰기 2급 [총획] 19획 [부수] 犬
[획순] 罒 罒 罒 畐 嘼 獸
野獸 야수

魚
물고기 어
[난이도] 읽기 5급 쓰기 4급 [총획] 11획 [부수] 魚
[획순] 𠂊 角 角 角 鱼 魚
魚缸 어항

蟲
벌레 충
[난이도] 읽기 4급II 쓰기 3급II [총획] 18획 [부수] 虫
[획순] 中 虫 虫 虫 蟲 蟲
寄生蟲 기생충

雛
병아리 추
[난이도] 읽기 특급II [총획] 18획 [부수] 隹
[획순] 勹 匆 刍 芻 鄒 雛
鳳雛 봉추

麛
짐승 새끼 미
[총획] 20획 [부수] 鹿
[획순] 广 严 声 声 麀 麛

鮞
물고기 새끼 이
[총획] 17획 [부수] 魚
[획순] 𠂊 角 魚 魚 鮃 鮞
鯤鮞 곤이

卵
알 란
[난이도] 읽기 4급 쓰기 3급 [총획] 7획 [부수] 卩
[획순] 𠂆 𠂆 ⺁ 卯 卯 卵
卵巢 난소

牝
암컷 빈
[난이도] 읽기 특급II [총획] 6획 [부수] 牛
[획순] ノ 𠂉 𠂇 牛 牝 牝
牝瓦 빈와

牡
수컷 모
[난이도] 읽기 1급 쓰기 특급 [총획] 7획 [부수] 牛
[획순] 𠂉 𠂇 牛 牜 牡 牡
牡瓦 모와

雌
암새 자
[난이도] 읽기 2급 쓰기 1급 [총획] 14획 [부수] 隹
[획순] 𠃊 止 此 此 雌 雌
雌雄 자웅

雄
수새 웅
[난이도] 읽기 5급 쓰기 4급 [총획] 12획 [부수] 隹
[획순] 𠂇 厷 厷 厷 雄 雄
雄辯家 웅변가

羽 깃 우
[난이도] 읽기 3급II 쓰기 2급 [총획] 6획 [부수] 羽
[획순] 丁 习 习 羽 羽 羽
羽緞 우단

毛 털 모
[난이도] 읽기 4급II 쓰기 3급II [총획] 4획 [부수] 毛
[획순] 一 二 三 毛
毛髮 모발

鱗 비늘 린
[난이도] 읽기 1급 쓰기 특급 [총획] 23획 [부수] 魚
[획순] ⺈ 角 鱼 鮗 鱗 鱗
片鱗 편린

甲 껍질 갑
[난이도] 읽기 4급 쓰기 3급 [총획] 5획 [부수] 田
[획순] 丨 冂 日 日 甲
甲富 갑부

羽	羽				
毛	毛				
鱗	鱗				
甲	甲				

騣 갈기 종
[총획] 19획 [부수] 馬
[획순] 馬 馬 馬 騣 騣 騣
騣帽 종모

尾 꼬리 미
[난이도] 읽기 3급II 쓰기 2급 [총획] 7획 [부수] 尸
[획순] コ 尸 尸 尸 尾 尾
尾括式 미괄식

蹄 굽 제
[난이도] 읽기 1급 쓰기 특급 [총획] 16획 [부수] 足
[획순] 口 ⻊ ⻊ 跲 蹄 蹄
口蹄疫 구제역

角 뿔 각
[난이도] 읽기 6급II 쓰기 5급II [총획] 7획 [부수] 角
[획순] ⺈ 角 角 角 角 角
總角 총각

騣	騣				
尾	尾				
蹄	蹄				
角	角				

翼 날개 익
[난이도] 읽기 3급II 쓰기 2급 [총획] 17획 [부수] 羽
[획순] 习 羽 羽 翼 翼 翼
鶴翼陣 학익진

翮 깃촉 핵
[총획] 16획 [부수] 羽
[획순] 鬲 鬲 鬲 翮 翮 翮

咮 부리 주
[난이도] 읽기 특급 [총획] 9획 [부수] 口
[획순] 口 口 咔 咔 咮 咮

嗉 모이주머니 소
[총획] 13획 [부수] 口
[획순] 口 口 嗉 嗉 嗉 嗉
嗉囊 소낭

翼	翼				
翮	翮				
咮	咮				
嗉	嗉				

塒 홰 시
[난이도] 읽기 특급 [총획] 13획 [부수] 土
[획순] 土 坤 坤 塒 塒 塒

牢 우리 뢰
[난이도] 읽기 1급 쓰기 특급 [총획] 7획 [부수] 牛
[획순] 丶 宀 宀 宀 宀 牢
牢獄 뇌옥

巢 새집 소
[난이도] 쓰기 특급II [총획] 11획 [부수] 巛
[획순] 巛 巢 巢 巢 巢 巢
卵巢 난소

殼 껍질 각
[난이도] 읽기 1급 쓰기 특급 [총획] 12획 [부수] 殳
[획순] 士 声 壳 壳 殼 殼
地殼 지각

塒	塒				
牢	牢				
巢	巢				
殼	殼				

宮
궁궐 궁
[난이도] 읽기 4급II 쓰기 3급II [총획] 10획 [부수] 宀
[획순] 宀 宀 宀 宮 宮 宮
宮闕 궁궐

室
방 실
[난이도] 읽기 8급 쓰기 6급II [총획] 9획 [부수] 宀
[획순] 宀 宀 宀 室 室 室
事務室 사무실

殿
전각 전
[난이도] 읽기 3급II 쓰기 2급 [총획] 13획 [부수] 殳
[획순] 尸 屏 屏 展 殿 殿
殿閣 전각

闕
대궐 궐
[난이도] 읽기 2급 쓰기 1급 [총획] 18획 [부수] 門
[획순] 門 門 門 闕 闕 闕
大闕 대궐

舍
집 사
[난이도] 읽기 4급II 쓰기 3급II [총획] 8획 [부수] 舌
[획순] 人 亼 仐 全 舍 舍
寄宿舍 기숙사

宇
집 우
[난이도] 읽기 3급II 쓰기 2급 [총획] 6획 [부수] 宀
[획순] 丶 丷 宀 宀 宇 宇
宇宙 우주

家
집 가
[난이도] 읽기 7급II 쓰기 6급 [총획] 10획 [부수] 宀
[획순] 宀 宀 宀 家 家 家
國家 국가

宅
집 택
[난이도] 읽기 5급II 쓰기 4급II [총획] 6획 [부수] 宀
[획순] 丶 丷 宀 宀 宅 宅
財宅 재택

臺
대 대
[난이도] 읽기 3급II 쓰기 2급 [총획] 14획 [부수] 至
[획순] 十 吉 声 臺 臺 臺
土臺 토대

榭
정자 사
[난이도] 읽기 특급 [총획] 14획 [부수] 木
[획순] 十 木 杓 榭 榭 榭
亭榭 정사

亭
정자 정
[난이도] 읽기 3급II 쓰기 2급 [총획] 9획 [부수] 亠
[획순] 亠 亠 亠 亭 亭 亭
亭子 정자

館
객사 관
[난이도] 읽기 3급II 쓰기 2급 [총획] 17획 [부수] 食
[획순] 𠆢 今 食 館 館 館
博物館 박물관

寺
절 사
[난이도] 읽기 4급II 쓰기 3급II [총획] 6획 [부수] 寸
[획순] 一 十 土 圭 寺 寺
寺刹 사찰

院
집 원
[난이도] 읽기 5급 쓰기 4급 [총획] 10획 [부수] 阝
[획순] 阝 阝 阝 院 院 院
學院 학원

樓
다락 루
[난이도] 읽기 3급II 쓰기 2급 [총획] 15획 [부수] 木
[획순] 木 柙 柙 樓 樓 樓
蜃氣樓 신기루

閣
누각 각
[난이도] 읽기 3급II 쓰기 2급 [총획] 14획 [부수] 門
[획순] 門 門 門 門 閣 閣
奎章閣 규장각

房
방 방
[난이도] 읽기 4급II 쓰기 3급II [총획] 8획 [부수] 戶
[획순] 亠 亠 户 户 房 房
溫突房 온돌방

堂
대청 당
[난이도] 읽기 6급II 쓰기 5급II [총획] 11획 [부수] 土
[획순] 𭕄 屵 尚 尚 堂 堂
書堂 서당

屋
집 옥
[난이도] 읽기 5급 쓰기 4급 [총획] 9획 [부수] 尸
[획순] ㄱ 尸 尸 屋 屋 屋
洋屋 양옥

廊
행랑 랑
[난이도] 읽기 3급II 쓰기 2급 [총획] 13획 [부수] 广
[획순] 广 庐 庐 庐 廊 廊
行廊 행랑

府
마을 부
[난이도] 읽기 4급II 쓰기 3급II [총획] 8획 [부수] 广
[획순] 亠 广 广 庁 府 府
政府 정부

庫
곳집 고
[난이도] 읽기 4급 쓰기 3급 [총획] 10획 [부수] 广
[획순] 广 户 店 直 直 庫
國庫 국고

倉
곳집 창
[난이도] 읽기 3급II 쓰기 2급 [총획] 10획 [부수] 人
[획순] 人 今 今 今 倉 倉
倉庫 창고

廩
쌀 고 름
[난이도] 읽기 특급 [총획] 16획 [부수] 广
[획순] 广 广 庐 庐 庫 廩
倉廩 창름

棟
대들보 동
[난이도] 읽기 2급 쓰기 1급 [총획] 12획 [부수] 木
[획순] 十 才 木 柜 柛 棟
講義棟 강의동

梁
들보 량
[난이도] 읽기 3급II 쓰기 2급 [총획] 11획 [부수] 木
[획순] 氵 汈 洌 洌 梁 梁
橋梁 교량

柱
기둥 주
[난이도] 읽기 3급II 쓰기 2급 [총획] 9획 [부수] 木
[획순] 十 才 木 杧 柱 柱
電柱 전주

椽
서까래 연
[난이도] 읽기 1급 쓰기 특급 [총획] 13획 [부수] 木
[획순] 十 才 杧 椽 椽 椽
椽木 연목

檐
처마 첨
[총획] 17획 [부수] 木
[획순] 十 才 杧 栌 檐 檐
加檐石 가첨석

甍
용마루 맹
[총획] 16획 [부수] 瓦
[획순] 艹 苎 苎 苎 甍 甍

梯
사다리 제
[난이도] 읽기 1급 쓰기 특급 [총획] 11획 [부수] 木
[획순] 十 才 木 枓 梯 梯
石梯 석제

檻
난간 함
[난이도] 읽기 1급 쓰기 특급 [총획] 18획 [부수] 木
[획순] 十 才 栌 栌 檻 檻
桎檻 질함

囱
창 창
[총획] 7획 [부수] 口
[획순] ′ 冂 冂 囟 囟 囱

牖
바라지 유
[난이도] 읽기 특급 [총획] 15획 [부수] 片
[획순] 丿 片 片 牖 牖 牖
牖民 유민

門
문 문
[난이도] 읽기 8급 쓰기 6급II [총획] 8획 [부수] 門
[획순] 丨 冂 冃 門 門 門
窓門 창문

戶
지게 호
[난이도] 읽기 4급II 쓰기 3급II [총획] 4획 [부수] 戶
[획순] ㇀ 彐 彐 戶
門戶 문호

閨
안방 규
[난이도] 읽기 2급 쓰기 1급 [총획] 14획 [부수] 門
[획순] 冂 冃 門 門 閂 閨
閨秀 규수

扉
문짝 비
[난이도] 읽기 1급 쓰기 특급 [총획] 12획 [부수] 戶
[획순] 户 户 户 扉 扉 扉
柴扉 시비

楣
인방 미
[난이도] 읽기 특급II [총획] 13획 [부수] 木
[획순] 十 木 杙 枵 楣 楣
楣石 미석

閾
문지방 역
[난이도] 읽기 특급 [총획] 16획 [부수] 門
[획순] 冂 冃 門 門 閂 閾
閾値 역치

廚
부엌 주
[난이도] 읽기 1급 쓰기 특급 [총획] 15획 [부수] 广
[획순] 广 庐 庐 廚 廚 廚
廚房 주방

竈
아궁이 조
[난이도] 읽기 특급 [총획] 21획 [부수] 穴
[획순] 宀 穴 穾 竈 竈 竈
竈王 조왕

廏
마구간 구
[난이도] 읽기 1급 쓰기 특급 [총획] 14획 [부수] 广
[획순] 广 庐 庐 廏 廏 廏
馬廏間 마구간

厠
뒷간 측
[난이도] 읽기 특급II [총획] 11획 [부수] 厂
[획순] 厂 厂 厠 厠 厠 厠
溷厠 혼측

階
섬돌 계
[난이도] 읽기 4급 쓰기 3급 [총획] 12획 [부수] 阝
[획순] 阝 阝 阝 阝 階 階
段階 단계

庭
뜰 정
[난이도] 읽기 6급II 쓰기 5급II [총획] 10획 [부수] 广
[획순] 广 庄 庄 庭 庭 庭
家庭 가정

牆
담 장
[난이도] 읽기 특급II [총획] 17획 [부수] 爿
[획순] 丩 爿 爿 牆 牆 牆
牆外 장외

壁
벽 벽
[난이도] 읽기 4급II 쓰기 3급II [총획] 16획 [부수] 土
[획순] 尸 尸 辟 辟 壁 壁
障壁 장벽

苑
나라 동산 원

[난이도] 읽기 2급 쓰기 1급 [총획] 9획 [부수] 艹

[획순] 艹 艹 芕 夗 苑 苑

秘苑 비원

囿
나라 유

[난이도] 읽기 특급 [총획] 9획 [부수] 囗

[획순] 冂 冂 冂 冇 囿 囿

園囿 원유

廬
막집 려

[난이도] 쓰기 특급II [총획] 19획 [부수] 广

[획순] 广 庐 庐 廬 廬 廬

草廬 초려

店
가게 점

[난이도] 읽기 5급II 쓰기 4급II [총획] 8획 [부수] 广

[획순] 亠 广 广 庐 店 店

店鋪 점포

礎
주춧돌 초

[난이도] 읽기 3급II 쓰기 2급 [총획] 18획 [부수] 石

[획순] 丆 石 矿 礎 礎 礎

基礎 기초

堗
굴뚝 돌

[총획] 12획 [부수] 土

[획순] 十 土 圹 圹 埃 堗

溫堗房 온돌방

瓦
기와 와

[난이도] 읽기 3급II 쓰기 2급 [총획] 5획 [부수] 瓦

[획순] 一 丆 瓦 瓦 瓦

靑瓦臺 청와대

甓
벽돌 벽

[난이도] 읽기 특급 [총획] 18획 [부수] 瓦

[획순] 尸 吊 辟 辟 甓 甓

甓墻 벽장

鎖
자물쇠 쇄

[난이도] 읽기 3급II 쓰기 2급 [총획] 18획 [부수] 金

[획순] 스 今 金 釒 鎖 鎖

封鎖 봉쇄

鑰
열쇠 약

[총획] 25획 [부수] 金

[획순] 今 金 釒 鈴 鑰 鑰

秘鑰 비약

釘
못 정

[총획] 10획 [부수] 金

[획순] 𠆢 스 今 金 釒 釘

小釘 소정

鈴
방울 령

[난이도] 읽기 1급 쓰기 특급 [총획] 13획 [부수] 金

[획순] 스 今 金 釒 鈐 鈴

鐃鈴 요령

垣
낮은 담 원

[난이도] 읽기 특급II [총획] 9획 [부수] 土

[획순] 十 土 圹 垣 垣 垣

垣墻 원장

籬
울타리 리

[난이도] 읽기 1급 쓰기 특급 [총획] 25획 [부수] 竹

[획순] 𥫗 竺 笞 籬 籬 籬

籬窺 이규

簾
발 렴

[난이도] 읽기 1급 쓰기 특급 [총획] 19획 [부수] 竹

[획순] 𥫗 竺 簾 簾 簾 簾

翠簾 취렴

鬲
대가리개 격

[총획] 16획 [부수] 竹

[획순] 𥫗 竺 笁 笇 篙 篙

庋
찬장 기
[총획] 7획 [부수] 广
[획순] 亠 广 广 庋 庋 庋
斗庋 두지

架
시렁 가
[난이도] 읽기 3급II 쓰기 2급 [총획] 9획 [부수] 木
[획순] フ カ 加 加 架 架
架橋 가교

牀
평상 상
[난이도] 읽기 특급II [총획] 8획 [부수] 爿
[획순] 丩 爿 爿 牀 牀 牀
病牀 병상

榻
걸상 탑
[난이도] 읽기 특급II [총획] 14획 [부수] 木
[획순] 十 木 栩 榻 榻 榻
臥榻 와탑

屛
병풍 병
[난이도] 읽기 3급 쓰기 2급 [총획] 11획 [부수] 尸
[획순] コ 尸 屏 屏 屛 屛
屛風 병풍

帷
휘장 유
[난이도] 읽기 특급 [총획] 11획 [부수] 巾
[획순] 口 巾 帄 帷 帷 帷
帷房 유방

帳
장막 장
[난이도] 읽기 4급 쓰기 3급 [총획] 11획 [부수] 巾
[획순] 口 巾 帄 帳 帳 帳
帳幕 장막

幕
암장 막
[난이도] 읽기 3급II 쓰기 2급 [총획] 14획 [부수] 巾
[획순] 艹 艹 苔 莫 莫 幕
開幕 개막

壇
단 단
[난이도] 읽기 5급 쓰기 4급 [총획] 16획 [부수] 土
[획순] 土 圹 垆 壇 壇 壇
講壇 강단

廟
사당 묘
[난이도] 읽기 3급 쓰기 2급 [총획] 15획 [부수] 广
[획순] 广 庐 庫 庫 廟 廟
宗廟 종묘

碑
비석 비
[난이도] 읽기 4급 쓰기 3급 [총획] 13획 [부수] 石
[획순] ア 石 矿 碑 碑 碑
記念碑 기념비

塔
탑 탑
[난이도] 읽기 3급II 쓰기 2급 [총획] 13획 [부수] 土
[획순] 土 圵 坩 垯 塔 塔
石塔 석탑

塚
무덤 총
[난이도] 읽기 1급 쓰기 특급 [총획] 13획 [부수] 土
[획순] 土 圹 坼 坧 塚 塚
貝塚 패총

墓
무덤 묘
[난이도] 읽기 4급 쓰기 3급 [총획] 14획 [부수] 土
[획순] 艹 苔 苔 莫 墓 墓
省墓 성묘

棺
널 관
[난이도] 읽기 1급 쓰기 특급 [총획] 12획 [부수] 木
[획순] 十 木 栏 柠 棺 棺
木棺 목관

槨
덧널 곽
[난이도] 읽기 1급 쓰기 특급 [총획] 15획 [부수] 木
[획순] 木 朩 栌 樟 槨 槨
石槨 석곽

舟
배 주
[난이도] 읽기 3급 쓰기 2급 [총획] 6획 [부수] 舟
[획순] ´ 丿 户 户 舟 舟
方舟 방주

船
배 선
[난이도] 읽기 5급 쓰기 4급 [총획] 11획 [부수] 舟
[획순] 户 舟 舟 舡 船 船
船舶 선박

舶
배 박
[난이도] 읽기 2급 쓰기 1급 [총획] 11획 [부수] 舟
[획순] 户 舟 舟 舶 舶 舶
大舶 대박

筏
뗏목 벌
[난이도] 쓰기 특급II [총획] 12획 [부수] 竹
[획순] ⺮ 竺 笩 笩 筏 筏
筏橋 벌교

棹
노 도
[난이도] 읽기 특급II [총획] 12획 [부수] 木
[획순] 十 木 杧 柏 棹 棹
回棹 회도

楫
노 즙
[난이도] 읽기 특급II [총획] 13획 [부수] 木
[획순] 十 木 杩 枬 楫 楫
舟楫 주즙

帆
돛 범
[난이도] 읽기 1급 쓰기 특급 [총획] 6획 [부수] 巾
[획순] ㅣ 口 巾 帆 帆 帆
出帆 출범

檣
돛대 장
[난이도] 읽기 1급 쓰기 특급 [총획] 17획 [부수] 木
[획순] 木 杧 桦 檣 檣 檣
檣淚 장루

舳
고물 축
[총획] 11획 [부수] 舟
[획순] 户 舟 舟 舯 舳 舳
舳艫 축로

艫
뱃머리 로
[총획] 22획 [부수] 舟
[획순] 舟 舻 艫 艫 艫 艫
船艫 선로

篙
상앗대 고
[총획] 16획 [부수] 竹
[획순] ⺮ 竺 笞 篙 篙 篙
篙工 고공

篷
뜸 봉
[총획] 17획 [부수] 竹
[획순] ⺮ 竺 筌 箨 篷 篷
篷窓 봉창

舷
뱃전 현
[난이도] 읽기 특급II [총획] 11획 [부수] 舟
[획순] 户 舟 舟 舡 舷 舷
右舷 우현

柁
키 타
[총획] 9획 [부수] 木
[획순] 十 木 朩 栌 柁 柁
...

艕
노 로
[총획] 19획 [부수] 舟
[획순] 户 舟 舻 艕 艕
...

艆
배 널 랑
[총획] 11획 [부수] 木
[획순] 十 木 朩 朩 桹 桹

車 수레 거
[난이도] 읽기 7급II 쓰기 6급 [총획] 7획 [부수] 車
[획순] 一 ｢ 冂 百 亘 車
電動車 전동차

轝 수레 여
[난이도] 읽기 특급II [총획] 21획 [부수] 車
[획순] 𦥑 與 轝
彩轝 채여

軒 초헌 헌
[난이도] 읽기 3급 쓰기 2급 [총획] 10획 [부수] 車
[획순] 一 冂 亘 車 軒 軒
東軒 동헌

軺 수레 이름 초
[총획] 12획 [부수] 車
[획순] 冂 亘 車 軺 軺 軺
軺軒 초헌

輪 바퀴 륜
[난이도] 읽기 4급 쓰기 3급 [총획] 15획 [부수] 車
[획순] 冂 亘 車 軨 輪 輪
輪轉機 윤전기

軸 굴대 축
[난이도] 읽기 2급 쓰기 1급 [총획] 12획 [부수] 車
[획순] 冂 亘 車 軥 軸 軸
主軸 주축

轂 바퀴통 곡
[난이도] 읽기 특급 [총획] 17획 [부수] 車
[획순] 士 声 𣪊 轂 轂
輦轂 연곡

輻 바퀴살 복
[난이도] 읽기 1급 쓰기 특급 [총획] 16획 [부수] 車
[획순] 冂 亘 車 輻 輻 輻
輻射熱 복사열

轎 가마 교
[난이도] 읽기 1급 쓰기 특급 [총획] 19획 [부수] 車
[획순] 亘 車 軡 轎 轎 轎
轎軍 교군

輦 가마 련
[난이도] 읽기 1급 쓰기 특급 [총획] 15획 [부수] 車
[획순] 二 夫 扶 扶 輦 輦
輦轂 연곡

蓋 덮을 개
[난이도] 읽기 3급II 쓰기 2급 [총획] 14획 [부수] 艹
[획순] 十 艹 芏 荖 蓋 蓋
蓋然性 개연성

傘 우산 산
[난이도] 읽기 2급 쓰기 1급 [총획] 11획 [부수] 人
[획순] 人 仌 众 傘 傘 傘
傘下 산하

鞍 안장 안
[난이도] 읽기 1급 쓰기 특급 [총획] 15획 [부수] 革
[획순] 廿 甘 革 鞍 鞍 鞍
鞍匣 안갑

轡 고삐 비
[난이도] 읽기 특급 [총획] 22획 [부수] 車
[획순] 纟 絲 轡 轡 轡 轡
鞍轡 안비

羈 굴레 기
[난이도] 읽기 특급 [총획] 25획 [부수] 襾
[획순] 罒 覀 覊 羈 羈
羈

靮 고삐 적
[총획] 12획 [부수] 革
[획순] 廿 甘 革 靮 靮 靮

紙
종이 지
[난이도] 읽기 7급 쓰기 6급 [총획] 10획 [부수] 糸
[획순] 𠃋 幺 糸 糹 紅 紙
休紙 휴지

筆
붓 필
[난이도] 읽기 5급II 쓰기 4급II [총획] 12획 [부수] 竹
[획순] ⺈ ⺮ 笞 笞 筆 筆
筆體 필체

墨
먹 묵
[난이도] 읽기 3급II 쓰기 2급 [총획] 15획 [부수] 土
[획순] 罒 罒 里 黑 墨 墨
墨香 묵향

硯
벼루 연
[난이도] 읽기 2급 쓰기 1급 [총획] 12획 [부수] 石
[획순] 丆 石 石 矶 砠 硯
硯滴 연적

簡
대쪽 간
[난이도] 읽기 4급 쓰기 3급 [총획] 18획 [부수] 竹
[획순] ⺈ ⺮ 竹 筒 簡 簡
簡單 간단

策
책 책
[난이도] 읽기 3급II 쓰기 2급 [총획] 12획 [부수] 竹
[획순] ⺈ ⺮ 竺 笁 笧 策
政策 정책

版
판목 판
[난이도] 읽기 3급II 쓰기 2급 [총획] 8획 [부수] 片
[획순] 丿 𠂆 片 片 版 版
出版 출판

牘
서찰 독
[난이도] 읽기 특급II [총획] 19획 [부수] 片
[획순] 𠂆 片 片 牘 牘 牘
書牘 서독

符
부호 부
[난이도] 읽기 3급II 쓰기 2급 [총획] 11획 [부수] 竹
[획순] ⺈ ⺮ 竹 符 符 符
符合 부합

璽
옥새 새
[난이도] 읽기 1급 쓰기 특급 [총획] 19획 [부수] 玉
[획순] 一 爾 爾 爾 璽 璽
國璽 국새

印
도장 인
[난이도] 읽기 4급II 쓰기 3급II [총획] 6획 [부수] 卩
[획순] 丿 𠂆 F E 巨 印
印刷 인쇄

牌
패 패
[난이도] 읽기 1급 쓰기 특급 [총획] 12획 [부수] 片
[획순] 𠂆 片 片 牌 牌 牌
防牌 방패

碁
바둑 기
[난이도] 읽기 특급II [총획] 13획 [부수] 石
[획순] 廾 甘 其 其 其 碁
復碁 복기

枰
바둑판 평
[난이도] 읽기 특급II [총획] 9획 [부수] 木
[획순] 木 朩 朾 枰 枰 枰
棋枰 기평

毬
제기 구
[난이도] 읽기 특급II [총획] 11획 [부수] 毛
[획순] 彡 毛 毛 毬 毬 毬
擊毬 격구

簙
장기 박
[총획] 18획 [부수] 竹
[획순] ⺈ ⺮ 竹 簙 簙 簙

紙	紙				
筆	筆				
墨	墨				
硯	硯				

簡	簡				
策	策				
版	版				
牘	牘				

符	符				
璽	璽				
印	印				
牌	牌				

碁	碁				
枰	枰				
毬	毬				
簙	簙				

器

그릇 기
[난이도] 읽기 4급II 쓰기 3급II [총획] 16획 [부수] 口
[획순] 口 吅 㗊 哭 器 器
武器 무기

皿

그릇 명
[난이도] 읽기 1급 쓰기 특급 [총획] 5획 [부수] 皿
[획순] 丨 冂 冊 皿 皿
器皿 기명

几

안석 궤
[난이도] 읽기 1급 쓰기 특급 [총획] 2획 [부수] 几
[획순] 丿 几
書几 서궤

案

책상 안
[난이도] 읽기 5급 쓰기 4급 [총획] 10획 [부수] 木
[획순] 宀 安 安 案 案 案
方案 방안

楎

옷걸이 휘
[총획] 13획 [부수] 木
[획순] 十 木 木 柯 楎 楎

椸

횃대 이
[총획] 13획 [부수] 木
[획순] 十 木 木 枋 柂 椸

椅

의자 의
[난이도] 읽기 1급 쓰기 특급 [총획] 12획 [부수] 木
[획순] 十 木 木 柞 棓 椅
椅子 의자

桌

탁자 탁
[총획] 10획 [부수] 木
[획순] ⺊ 占 卢 卓 卓 桌

甁

병 병
[난이도] 읽기 1급 쓰기 특급 [총획] 13획 [부수] 瓦
[획순] ⺈ 扌 扌 并 瓶 甁
花甁 화병

甖

술 단지 앵
[총획] 19획 [부수] 瓦
[획순] 目 貝 賏 賏 甖 甖
甖

甑

시루 증
[난이도] 읽기 특급II [총획] 17획 [부수] 瓦
[획순] 丷 曽 曽 曾 甑 甑
甑山教 증산교

甕

독 옹
[난이도] 쓰기 특급II [총획] 18획 [부수] 瓦
[획순] 亠 乡 雍 雍 甕 甕
甕器 옹기

鼎

솥 정
[난이도] 쓰기 특급II [총획] 13획 [부수] 鼎
[획순] 冂 目 鼎 鼎 鼎 鼎
鼎談 정담

鍋

노구솥 과
[난이도] 읽기 특급II [총획] 17획 [부수] 金
[획순] 𠆢 金 釒 鈩 鍋 鍋
南鍋 남와

釜

가마 부
[난이도] 쓰기 특급II [총획] 10획 [부수] 金
[획순] 八 父 父 斧 釜 釜
瓦釜 와부

鑊

가마솥 확
[총획] 22획 [부수] 金
[획순] 𠆢 金 釒 銋 鑊 鑊
鐵鑊 철확

盆

동이 **분**

[난이도] 읽기 1급 쓰기 특급 [총획] 9획 [부수] 皿
[획순] 八 分 分 㑒 㑒 盆

盆地 분지

缸

항아리 **항**

[난이도] 읽기 1급 쓰기 특급 [총획] 9획 [부수] 缶
[획순] 𠂉 𠂒 午 缶 缸 缸

魚缸 어항

楪

접시 **접**

[총획] 13획 [부수] 木
[획순] 十 木 枻 枻 楪 楪

畫楪 화접

椀

주발 **완**

[난이도] 읽기 특급II [총획] 12획 [부수] 木
[획순] 十 木 栌 栐 椀 椀

椀器 완기

簋

대 제기 **궤**

[난이도] 읽기 특급 [총획] 17획 [부수] 竹
[획순] ⺮ 竺 笪 簋 簋 簋

簠簋 보궤

鉶

국그릇 **형**

[총획] 14획 [부수] 金
[획순] 金 金 釬 鉶 鉶 鉶

桮

잔 **배**

[난이도] 읽기 특급 [총획] 11획 [부수] 木
[획순] 十 木 杯 杯 桮 桮

罇

술두루미 **준**

[총획] 18획 [부수] 缶
[획순] 𠂒 缶 罇 罇 罇 罇

花罇 화준

鍾

종지 **종**

[난이도] 읽기 4급 쓰기 3급 [총획] 17획 [부수] 金
[획순] 今 金 金 鍾 鍾 鍾

鍾子 종자

鉢

바리 **발**

[난이도] 쓰기 특급II [총획] 13획 [부수] 金
[획순] 亼 今 金 針 鉢 鉢

托鉢 탁발

斞

구기 **구**

[총획] 17획 [부수] 斗
[획순] 𠂇 大 吏 吏 斞 斞

勺

구기 **작**

[난이도] 읽기 1급 쓰기 특급 [총획] 3획 [부수] 勹
[획순] ノ 勹 勺

銀勺 은작

匙

숟가락 **시**

[난이도] 읽기 1급 쓰기 특급 [총획] 11획 [부수] 匕
[획순] 冂 日 旦 是 是 匙

匙箸 시저

筯

젓가락 **저**

[난이도] 읽기 특급 [총획] 13획 [부수] 竹
[획순] ⺮ 竹 笁 笪 筯 筯

玉筯 옥저

俎

도마 **조**

[난이도] 읽기 특급II [총획] 9획 [부수] 人
[획순] 人 仌 俎 俎 俎 俎

俎上肉 조상육

盤

쟁반 **반**

[난이도] 읽기 3급II 쓰기 2급 [총획] 15획 [부수] 皿
[획순] 舟 舟 舟 般 盤 盤

基盤 기반

箱
상자 상
[난이도] 읽기 2급 쓰기 1급 [총획] 15획 [부수] 竹
[획순] ⺈ ⺮ 笁 箱 箱 箱
箱子 상자

篋
상자 협
[총획] 15획 [부수] 竹
[획순] ⺈ ⺮ 筐 筴 篋 篋
篋中 협중

笥
상자 사
[난이도] 읽기 특급 [총획] 11획 [부수] 竹
[획순] ⺈ ⺮ 笥 笥 笥 笥
衣笥 의사

籠
대바구니 롱
[난이도] 읽기 2급 쓰기 1급 [총획] 21획 [부수] 竹
[획순] ⺈ ⺮ 笇 箾 籠 籠
籠絡 농락

筐
광주리 광
[난이도] 읽기 특급II [총획] 12획 [부수] 竹
[획순] ⺈ ⺮ 笁 筐 筐 筐
筐筥 광사

匳
경대 렴
[총획] 15획 [부수] 匚
[획순] 亠 ⺈ 僉 僉 僉 匳
粧匳 장렴

櫃
궤 궤
[난이도] 읽기 1급 쓰기 특급 [총획] 18획 [부수] 木
[획순] 十 木 朩 櫃 櫃 櫃
金櫃 금궤

櫝
함 독
[난이도] 읽기 특급 [총획] 19획 [부수] 木
[획순] 十 木 朩 櫝 櫝 櫝
合櫝 합독

篘
용수 추
[총획] 16획 [부수] 竹
[획순] ⺈ ⺮ ⺮ 篘 篘 篘
篘子 추자

籔
조리 수
[총획] 21획 [부수] 竹
[획순] ⺈ ⺮ 籔 籔 籔 籔
簍籔 구수

篩
체 사
[난이도] 읽기 특급II [총획] 16획 [부수] 竹
[획순] ⺈ ⺮ 篩 篩 篩 篩
篩別機 사별기

籮
광주리 라
[총획] 25획 [부수] 竹
[획순] ⺈ ⺮ 籮 籮 籮 籮
籮

箕
키 기
[난이도] 쓰기 특급II [총획] 14획 [부수] 竹
[획순] ⺈ ⺮ 竹 箕 箕 箕
箕子 기자

帚
비 추
[총획] 8획 [부수] 巾
[획순] ㄱ ㅋ ㅋ 큭 帚 帚
飯帚 반추

囊
주머니 낭
[난이도] 읽기 1급 쓰기 특급 [총획] 22획 [부수] 口
[획순] 丰 吉 吉 囊 囊 囊
寢囊 침낭

橐
전대 탁
[난이도] 읽기 특급 [총획] 16획 [부수] 木
[획순] 丰 吉 吉 橐 橐 橐
囊橐 낭탁

杵

공이 저

[난이도] 읽기 특급II [총획] 8획 [부수] 木

[획순] 十 才 木 杧 杵 杵

杵聲 저성

臼

절구 구

[난이도] 읽기 1급 쓰기 특급 [총획] 6획 [부수] 臼

[획순] ´ 𠂆 𠂇 臼 臼 臼

小臼齒 소구치

檠

등잔거리 경

[난이도] 읽기 특급 [총획] 17획 [부수] 木

[획순] 艹 苟 茍 敬 擎 檠

書檠 서경

釭

등잔 강

[총획] 11획 [부수] 金

[획순] 亼 午 金 釒 釭 釭

扇

부채 선

[난이도] 읽기 1급 쓰기 특급 [총획] 10획 [부수] 戶

[획순] 亠 户 戶 肩 扇 扇

扇風機 선풍기

爐

화로 로

[난이도] 읽기 3급II 쓰기 2급 [총획] 20획 [부수] 火

[획순] 火 炸 炉 炉 爐 爐

鎔鑛爐 용광로

氈

담요 전

[난이도] 읽기 1급 쓰기 특급 [총획] 17획 [부수] 毛

[획순] 亠 亩 亶 亶 氈 氈

毛氈 모전

席

돗자리 석

[난이도] 읽기 6급 쓰기 5급 [총획] 10획 [부수] 巾

[획순] 广 庐 庐 席 席 席

參席 참석

升

되 승

[난이도] 읽기 2급 쓰기 1급 [총획] 4획 [부수] 十

[획순] ´ 丆 チ 升

上升 상승

龠

홉사 약

[총획] 17획 [부수] 龠

[획순] 亼 今 侖 侖 龠 龠

斗

말 두

[난이도] 읽기 4급II 쓰기 3급II [총획] 4획 [부수] 斗

[획순] ` ﹅ 斗 斗

斗頓 두둔

斛

휘 곡

[난이도] 읽기 특급II [총획] 11획 [부수] 斗

[획순] ⺈ 角 角 角 斛 斛

萬斛 만곡

衡

저울대 형

[난이도] 읽기 3급II 쓰기 2급 [총획] 16획 [부수] 行

[획순] 彳 彳 徻 衡 衡 衡

均衡 균형

錘

저울추 추

[난이도] 읽기 1급 쓰기 특급 [총획] 16획 [부수] 金

[획순] 仒 金 釯 錘 錘 錘

時計錘 시계추

杖

지팡이 장

[난이도] 읽기 1급 쓰기 특급 [총획] 7획 [부수] 木

[획순] 十 才 木 朾 杖 杖

棍杖 곤장

尺

자 척

[난이도] 읽기 3급II 쓰기 2급 [총획] 4획 [부수] 尸

[획순] ㄱ ㅋ 尸 尺

咫尺 지척

釿
자귀 근
[총획] 12획 [부수] 金
[획순] 仒 今 金 釒 釿 釿

斧
도끼 부
[난이도] 읽기 1급 쓰기 특급 [총획] 8획 [부수] 斤
[획순] 八 父 父 斧 斧 斧
斧柯 부가

鋸
톱 거
[난이도] 읽기 특급II [총획] 16획 [부수] 金
[획순] 今 金 鈩 鋸 鋸 鋸
鋸齒緣 거치연

鑿
끌 착
[난이도] 읽기 1급 쓰기 특급 [총획] 28획 [부수] 金
[획순] 业 丵 丵 鑿 鑿 鑿
掘鑿機 굴착기

錐
송곳 추
[난이도] 읽기 1급 쓰기 특급 [총획] 16획 [부수] 金
[획순] 今 金 釒 釙 錐 錐
試錐 시추

刀
칼 도
[난이도] 읽기 3급II 쓰기 2급 [총획] 2획 [부수] 刀
[획순] 𠃌 刀
短刀 단도

椎
방망이 추
[난이도] 읽기 1급 쓰기 특급 [총획] 12획 [부수] 木
[획순] 十 木 村 杵 椎 椎
脊椎 척추

鎌
낫 겸
[난이도] 읽기 특급II [총획] 18획 [부수] 金
[획순] 今 金 鈩 鎌 鎌 鎌
長柄鎌 장병겸

機
베틀 기
[난이도] 읽기 4급 쓰기 3급 [총획] 16획 [부수] 木
[획순] 十 木 朩 栥 樧 機
機關 기관

梭
북 사
[난이도] 읽기 특급II [총획] 11획 [부수] 木
[획순] 十 木 杧 枠 梭 梭
水梭花 수사화

筬
바디 성
[난이도] 읽기 특급II [총획] 13획 [부수] 竹
[획순] 𠂉 竹 笁 筁 筬 筬
筬筬 성구

軖
물레 광
[총획] 11획 [부수] 車
[획순] 日 亘 車 軒 軖 軖

碓
방아 대
[총획] 13획 [부수] 石
[획순] 丆 石 矿 砣 碓 碓
碓聲 대성

礪
숫돌 려
[난이도] 쓰기 특급II [총획] 20획 [부수] 石
[획순] 石 矿 砺 礪 礪 礪
礪石 여석

磨
맷돌 마
[난이도] 읽기 3급II 쓰기 2급 [총획] 16획 [부수] 石
[획순] 广 庐 麻 磨 磨 磨
研磨 연마

砧
다듬잇돌 침
[난이도] 읽기 1급 쓰기 특급 [총획] 10획 [부수] 石
[획순] 丆 石 石 矿 砧 砧
鐵砧 철침

鉏

호미 서

[총획] 13획 [부수] 金

[획순] ^ 𠆢 金 釒 鉏 鉏

鉏鋙 서어

鍬

가래 초

[총획] 17획 [부수] 金

[획순] 𠆢 金 釺 鍬 鍬 鍬

犂

보습 리

[난이도] 읽기 특급II [총획] 11획 [부수] 牛

[획순] 千 禾 秒 和 犁 犂

鍤

삽 삽

[총획] 17획 [부수] 金

[획순] 𠆢 金 釺 鍤 鍤 鍤

野戰鍤 야전삽

耒

따비 뢰

[난이도] 읽기 특급 [총획] 6획 [부수] 耒

[획순] 一 二 三 丰 未 耒

耒耜 뇌사

耙

써래 파

[총획] 10획 [부수] 耒

[획순] 丰 耒 耓 耙 耙 耙

方耙 방파

耞

도리깨 가

[총획] 11획 [부수] 耒

[획순] 丰 耒 耓 耞 耞 耞

連耞 연가

耰

곰방메 우

[난이도] 읽기 특급 [총획] 21획 [부수] 耒

[획순] 丰 耒 耓 耰 耰 耰

矰

주살 증

[총획] 17획 [부수] 矢

[획순] 𠂉 矢 矢 矰 矰 矰

矰繳 증작

丸

탄환 환

[난이도] 읽기 3급 쓰기 2급 [총획] 3획 [부수] 丶

[획순] 丿 九 丸

彈丸 탄환

笱

통발 구

[난이도] 읽기 특급 [총획] 11획 [부수] 竹

[획순] ⺮ 竹 笁 笱 笱 笱

籍

작살 착

[총획] 17획 [부수] 竹

[획순] ⺮ 竹 笁 籍 籍 籍

網

그물 망

[난이도] 읽기 2급 쓰기 1급 [총획] 14획 [부수] 糸

[획순] 纟 糸 紅 網 網 網

網羅 망라

罟

그물 고

[난이도] 읽기 특급 [총획] 10획 [부수] 罒

[획순] 冖 罒 罒 罕 罟 罟

數罟 촉고

餌

미끼 이

[난이도] 읽기 1급 쓰기 특급 [총획] 15획 [부수] 飠

[획순] 𠆢 今 食 飠 飣 餌

食餌 식이

鉤

갈고리 구

[난이도] 읽기 1급 쓰기 특급 [총획] 13획 [부수] 金

[획순] 𠆢 今 金 釣 鉤 鉤

鉤蟲 구충

弓
활 궁
[난이도] 읽기 3급II 쓰기 2급 [총획] 3획 [부수] 弓
[획순] ㄱ ㅋ 弓
弓手 궁수

矢
화살 시
[난이도] 읽기 3급 쓰기 2급 [총획] 5획 [부수] 矢
[획순] ノ 𠂉 𠂉 午 矢
弓矢 궁시

弩
쇠뇌 노
[난이도] 읽기 1급 쓰기 특급 [총획] 8획 [부수] 弓
[획순] 𡿨 女 奴 奴 弩 弩
强弩 강노

箭
화살 전
[난이도] 읽기 1급 쓰기 특급 [총획] 15획 [부수] 竹
[획순] 𠂉 竹 笁 笁 筲 箭
弓箭 궁전

弓	弓				
矢	矢				
弩	弩				
箭	箭				

干
방패 간
[난이도] 읽기 4급 쓰기 3급 [총획] 3획 [부수] 干
[획순] 一 二 干
干涉 간섭

戈
창 과
[난이도] 읽기 2급 쓰기 1급 [총획] 4획 [부수] 戈
[획순] 一 七 戈 戈
戈獵 과렵

劍
칼 검
[난이도] 읽기 3급II 쓰기 2급 [총획] 15획 [부수] 刂
[획순] 𠆢 合 侖 僉 僉 劍
劍客 검객

戟
양지창 극
[난이도] 읽기 1급 쓰기 특급 [총획] 12획 [부수] 戈
[획순] 十 古 卓 卓 戟 戟
刺戟 자극

干	干				
戈	戈				
劍	劍				
戟	戟				

旗
기 기
[난이도] 읽기 7급 쓰기 6급 [총획] 14획 [부수] 方
[획순] 亠 方 方 旂 旗 旗
旗幟 기치

纛
기 독
[난이도] 읽기 특급II [총획] 25획 [부수] 糸
[획순] 𠂉 毒 毒 毒 纛 纛
纛祭 독제

旌
기 정
[난이도] 쓰기 특급II [총획] 11획 [부수] 方
[획순] 亠 方 方 方 旌 旌
旌善 정선

旄
깃대 장식 모
[난이도] 읽기 특급 [총획] 10획 [부수] 方
[획순] 亠 方 方 方 旄 旄
白旄 백모

旗	旗				
纛	纛				
旌	旌				
旄	旄				

鞭
채찍 편
[난이도] 읽기 1급 쓰기 특급 [총획] 18획 [부수] 革
[획순] 廿 革 鞘 鞘 鞭 鞭
鞭撻 편달

棍
곤장 곤
[난이도] 읽기 1급 쓰기 특급 [총획] 12획 [부수] 木
[획순] 十 木 朩 相 棍 棍
棍杖 곤장

韔
활집 창
[난이도] 읽기 특급 [총획] 17획 [부수] 韋
[획순] 𠂉 吉 韋 韋 韔 韔

箙
화살통 복
[총획] 14획 [부수] 竹
[획순] 𠂉 竹 笁 笁 筋 箙
矢箙 시복

鞭	鞭				
棍	棍				
韔	韔				
箙	箙				

布 베 포
[난이도] 읽기 4급II 쓰기 3급II [총획] 5획 [부수] 巾
[획순] 一 ナ 才 冇 布
公布 공포

帛 비단 백
[난이도] 읽기 1급 쓰기 특급 [총획] 8획 [부수] 巾
[획순] 白 白 自 自 帛 帛
幣帛 폐백

錦 비단 금
[난이도] 읽기 3급II 쓰기 2급 [총획] 16획 [부수] 金
[획순] 人 金 鉑 鉑 錦 錦
錦繡 금수

繡 수놓을 수
[난이도] 읽기 1급 쓰기 특급 [총획] 19획 [부수] 糸
[획순] 幺 糸 紆 紳 繡 繡
刺繡 자수

紗 깁 사
[난이도] 읽기 1급 쓰기 특급 [총획] 10획 [부수] 糸
[획순] 幺 幺 糸 糽 紗 紗
毛紗 모사

綾 비단 릉
[난이도] 읽기 1급 쓰기 특급 [총획] 14획 [부수] 糸
[획순] 幺 糸 紶 紶 綾 綾
綾羅 능라

羅 그물 라
[난이도] 읽기 4급II 쓰기 3급II [총획] 19획 [부수] 罒
[획순] 冂 罒 罕 罕 羅 羅
新羅 신라

縠 주름 비단 곡
[총획] 16획 [부수] 糸
[획순] 士 声 売 素 縠 縠

經 글 경
[난이도] 읽기 4급II 쓰기 3급II [총획] 13획 [부수] 糸
[획순] 幺 糸 紅 紅 經 經
經驗 경험

緯 씨 위
[난이도] 읽기 3급 쓰기 2급 [총획] 15획 [부수] 糸
[획순] 幺 糸 紶 緯 緯 緯
經緯 경위

綵 비단 채
[난이도] 읽기 특급II [총획] 14획 [부수] 糸
[획순] 幺 糸 紅 紅 綵 綵
綵華 채화

紋 무늬 문
[난이도] 읽기 3급II 쓰기 2급 [총획] 10획 [부수] 糸
[획순] 幺 幺 糸 紋 紋 紋
指紋 지문

絲 실 사
[난이도] 읽기 4급 쓰기 3급 [총획] 12획 [부수] 糸
[획순] 幺 幺 糸 糸 絲 絲
螺絲 나사

纊 솜 광
[난이도] 읽기 특급 [총획] 21획 [부수] 糸
[획순] 幺 糸 紆 纊 纊 纊
線纊 선광

絛 술띠 조
[총획] 13획 [부수] 糸
[획순] 亻 个 攸 攸 絛 絛
絛蟲 조충

索 노 삭
[총획] 10획 [부수] 糸
[획순] 一 十 亡 声 索 索
摸索 모색

衣
옷 의
[난이도] 읽기 6급 쓰기 5급 [총획] 6획 [부수] 衣
[획순] 丶 亠 ナ 衣 衣 衣
衣服 의복

服
옷 복
[난이도] 읽기 6급 쓰기 5급 [총획] 8획 [부수] 月
[획순] 丿 刀 月 月 服 服 服
衣服 의복

冠
갓 관
[난이도] 읽기 3급II 쓰기 2급 [총획] 9획 [부수] 冖
[획순] 冖 冖 冖 冠 冠 冠
冠婚 관혼

帶
띠 대
[난이도] 읽기 4급II 쓰기 3급II [총획] 11획 [부수] 巾
[획순] 一 卄 卅 帶 帶 帶
携帶 휴대

襦
저고리 유
[총획] 19획 [부수] 衤
[획순] 丶 衤 襦 襦 襦 襦
長襦 장유

袴
바지 고
[난이도] 읽기 1급 쓰기 특급 [총획] 11획 [부수] 衤
[획순] 丶 衤 衤 袴 袴 袴
紈袴 환고

裘
갖옷 구
[난이도] 읽기 특급 [총획] 13획 [부수] 衣
[획순] 十 才 求 求 裘 裘
裘馬 구마

衫
적삼 삼
[난이도] 읽기 특급II [총획] 8획 [부수] 衤
[획순] 丶 ブ 衤 衫 衫 衫
單衫 단삼

袍
도포 포
[난이도] 읽기 1급 쓰기 특급 [총획] 10획 [부수] 衤
[획순] 丶 衤 衤 袍 袍 袍
袍帶 포대

襖
웃옷 오
[총획] 18획 [부수] 衤
[획순] 丶 衤 衤 襖 襖 襖
裙
치마 군
[난이도] 읽기 특급II [총획] 12획 [부수] 衤
[획순] 丶 衤 衤 裙 裙 裙
羅裙 나군

裳
치마 상
[난이도] 읽기 3급II 쓰기 2급 [총획] 13획 [부수] 衣
[획순] 丷 ⺌ 尚 裳 裳 裳
衣裳 의상

裌
겹옷 겹
[총획] 12획 [부수] 衤
[획순] 丶 衤 衤 裌 裌 裌

袖
소매 수
[난이도] 읽기 1급 쓰기 특급 [총획] 10획 [부수] 衤
[획순] 丶 衤 衤 袖 袖 袖
領袖 영수

裾
자락 거
[총획] 13획 [부수] 衤
[획순] 丶 衤 衤 裾 裾 裾
簪裾 잠거

衿
옷섶 금
[난이도] 읽기 특급II [총획] 9획 [부수] 衤
[획순] 丶 ブ 衤 衿 衿 衿
青衿錄 청금록

靴

신 화

[난이도] 읽기 2급 쓰기 1급 [총획] 13획 [부수] 革

[획순] 廿 甘 革 革 靳 靴

軍靴 군화

屨

신 구

[난이도] 읽기 특급 [총획] 17획 [부수] 尸

[획순] 尸 屖 屖 屦 屦 屨

麻屨 마구

鞵

신 혜

[총획] 19획 [부수] 革

[획순] 廿 甘 革 革 鞡 鞵

屐

나막신 극

[총획] 10획 [부수] 尸

[획순] ⺈ 尸 尸 屏 屐 屐

木屐 목극

襁

포대기 강

[난이도] 읽기 특급II [총획] 17획 [부수] 衤

[획순] 丿 衤 衿 衿 袸 襁

襁褓 강보

褓

포대기 보

[총획] 11획 [부수] 衤

[획순] 丿 衤 衤 衵 褓 褓

册床褓 책상보

縢

행전 등

[난이도] 읽기 특급 [총획] 16획 [부수] 糸

[획순] 丿 月 胖 胖 滕 縢

縢絲 등사

襪

버선 말

[난이도] 읽기 1급 쓰기 특급 [총획] 20획 [부수] 衤

[획순] 丿 衤 衶 袺 襪 襪

洋襪 양말

鎧

갑옷 개

[난이도] 읽기 특급II [총획] 18획 [부수] 金

[획순] 𠆢 金 釒 鉳 鍇 鎧

鐵鎧 철개

冑

투구 주

[난이도] 읽기 특급II [총획] 9획 [부수] 冂

[획순] 冖 巾 由 冑 冑 冑

甲冑 갑주

蓑

도롱이 사

[난이도] 읽기 1급 쓰기 특급 [총획] 14획 [부수] 艹

[획순] 艹 芇 芇 菨 蓑 蓑

蓑衣 사의

笠

삿갓 립

[난이도] 읽기 1급 쓰기 특급 [총획] 11획 [부수] 竹

[획순] ⺮ 竹 竺 笁 笠 笠

草笠 초립

縗

상복 이름 최

[총획] 16획 [부수] 糸

[획순] 幺 糸 紵 縗 縗 縗

絰

질 질

[난이도] 읽기 특급 [총획] 12획 [부수] 糸

[획순] 幺 糸 紅 絰 絰 絰

墨絰 묵질

帽

모자 모

[난이도] 읽기 2급 쓰기 1급 [총획] 12획 [부수] 巾

[획순] 冂 巾 帀 帽 帽 帽

帽子 모자

笏

홀 홀

[난이도] 읽기 1급 쓰기 특급 [총획] 10획 [부수] 竹

[획순] ⺮ 竹 笉 笏 笏 笏

笏記 홀기

紳

큰 띠 **신**

[난이도] 읽기 2급 쓰기 1급 [총획] 11획 [부수] 糸

[획순] 纟 糹 紃 紳 紳 紳

紳士 신사

韠

슬갑 **필**

[총획] 20획 [부수] 韋

[획순] 韋 韋 韋 韠 韠 韠

綦

신 끈 **기**

[난이도] 읽기 특급 [총획] 14획 [부수] 糸

[획순] 艹 甘 其 綦 綦 綦

綦重 기중

纓

갓끈 **영**

[난이도] 읽기 특급II [총획] 23획 [부수] 糸

[획순] 纟 糹 紬 纓 纓 纓

冠纓 관영

縫

꿰맬 **봉**

[난이도] 읽기 2급 쓰기 1급 [총획] 17획 [부수] 糸

[획순] 纟 糹 紁 絳 縫 縫

縫合 봉합

緣

가선 **연**

[난이도] 읽기 4급 쓰기 3급 [총획] 15획 [부수] 糸

[획순] 纟 糹 紅 紵 緣 緣

因緣 인연

裔

후손 **예**

[난이도] 읽기 1급 쓰기 특급 [총획] 13획 [부수] 衣

[획순] 亠 衣 衣 裔 裔 裔

後裔 후예

幅

폭 **폭**

[난이도] 읽기 3급 쓰기 2급 [총획] 12획 [부수] 巾

[획순] 冂 巾 巾 帼 幅 幅

大幅 대폭

巾

수건 **건**

[난이도] 읽기 1급 쓰기 특급 [총획] 3획 [부수] 巾

[획순] 丨 冂 巾

屈巾 굴건

帨

수건 **세**

[난이도] 읽기 특급 [총획] 10획 [부수] 巾

[획순] 冂 巾 帄 帨 帨 帨

珥

귀고리 **이**

[난이도] 쓰기 특급II [총획] 10획 [부수] 王

[획순] 丅 王 王 珥 珥 珥

李珥 이이

佩

찰 **패**

[난이도] 읽기 1급 쓰기 특급 [총획] 8획 [부수] 亻

[획순] 丿 亻 仉 佩 佩 佩

佩物 패물

衾

이불 **금**

[난이도] 읽기 1급 쓰기 특급 [총획] 10획 [부수] 衣

[획순] 𠆢 今 今 衾 衾 衾

衾枕 금침

裯

홑이불 **주**

[난이도] 읽기 특급 [총획] 13획 [부수] 衤

[획순] 衤 衤 衵 裯 裯 裯

枕

베개 **침**

[난이도] 읽기 3급 쓰기 2급 [총획] 8획 [부수] 木

[획순] 十 木 木 枕 枕 枕

木枕 목침

褥

요 **욕**

[난이도] 읽기 특급II [총획] 15획 [부수] 衤

[획순] 衤 衤 衦 褥 褥 褥

産褥 산욕

釵
가랑비녀 채
[난이도] 읽기 특급II [총획] 11획 [부수] 金
[획순] 𠆢 仒 金 釒 釵 釵
玉釵 옥채

笄
비녀 계
[난이도] 읽기 특급 [총획] 10획 [부수] 竹
[획순] ⺮ 竹 笁 笄 笄 笄
竹笄 죽계

鏡
거울 경
[난이도] 읽기 4급 쓰기 3급 [총획] 19획 [부수] 金
[획순] 仒 金 釒 鈶 鏡 鏡
顯微鏡 현미경

鑷
족집게 섭
[총획] 26획 [부수] 金
[획순] 仒 金 釒 鈺 鑷 鑷
鑷白 섭백

髻
상투 계
[총획] 16획 [부수] 髟
[획순] 镸 镸 髟 髟 髻 髻
螺髻 나계

髢
다리 체
[난이도] 읽기 특급 [총획] 13획 [부수] 髟
[획순] 镸 镸 髟 髟 髢 髢
加髢 가체

梳
얼레빗 소
[난이도] 읽기 1급 쓰기 특급 [총획] 11획 [부수] 木
[획순] 十 木 朩 梳 梳 梳
木梳 목소

篦
빗치개 비
[총획] 16획 [부수] 竹
[획순] ⺮ 竹 笷 篦 篦 篦
竹篦 죽비

鍼
바늘 침
[난이도] 읽기 1급 쓰기 특급 [총획] 17획 [부수] 金
[획순] 仒 金 釒 鈲 鍼 鍼
鍼術 침술

線
줄 선
[난이도] 읽기 6급II 쓰기 5급II [총획] 15획 [부수] 糸
[획순] 幺 糸 紒 線 線 線
混線 혼선

膠
아교 교
[난이도] 읽기 2급 쓰기 1급 [총획] 15획 [부수] 月
[획순] 丿 月 肕 膠 膠 膠
阿膠 아교

糊
풀 호
[난이도] 읽기 1급 쓰기 특급 [총획] 15획 [부수] 米
[획순] 丷 米 粘 糊 糊 糊
模糊 모호

粉
분 분
[난이도] 읽기 4급 쓰기 3급 [총획] 10획 [부수] 米
[획순] 丷 米 籵 粉 粉 粉
粉末 분말

黛
쪽물 대
[난이도] 읽기 특급II [총획] 17획 [부수] 黑
[획순] 亻 代 岱 黛 黛 黛
黛眉 대미

臙
연지 연
[총획] 20획 [부수] 月
[획순] 月 肝 肼 臙 臙 臙
臙脂 연지

脂
연지 지
[난이도] 읽기 2급 쓰기 1급 [총획] 10획 [부수] 月
[획순] 丿 月 肊 脂 脂 脂
脂肪 지방

한자	뜻·음 / 정보	낱말
飮	마실 음 [난이도] 읽기 6급II 쓰기 5급II [총획] 13획 [부수] 飠 [획순] 𠂉 今 食 飮 飮 飮	飮食 음식
食	밥 식 [난이도] 읽기 7급II 쓰기 6급 [총획] 9획 [부수] 食 [획순] 人 𠆢 今 合 食 食	食品 식품
肴	안주 효 [난이도] 읽기 특급II [총획] 8획 [부수] 月 [획순] 乂 㐅 产 肴 肴 肴	肴蔬 효소
膳	반찬 선 [난이도] 읽기 1급 쓰기 특급 [총획] 16획 [부수] 月 [획순] 丿 月 月 胖 膳 膳	膳物 선물
飯	밥 반 [난이도] 읽기 3급II 쓰기 2급 [총획] 13획 [부수] 食 [획순] 𠂉 今 食 飣 飯 飯	飯饌 반찬
餠	떡 병 [난이도] 읽기 1급 쓰기 특급 [총획] 17획 [부수] 飠 [획순] 今 食 飠 飦 餅 餠	煎餠 전병
糜	죽 미 [난이도] 읽기 특급 [총획] 16획 [부수] 禾 [획순] 广 庁 庐 麻 靡 糜	糜粥 미죽
粥	죽 죽 [난이도] 읽기 특급II [총획] 16획 [부수] 米 [획순] ㇕ 弓 弜 粥 粥 粥	粥沙鉢 죽사발
酒	술 주 [난이도] 읽기 4급 쓰기 3급 [총획] 10획 [부수] 酉 [획순] 氵 汀 沔 洒 酒 酒	燒酒 소주
醴	단술 례 [난이도] 쓰기 특급II [총획] 20획 [부수] 酉 [획순] 丆 酉 酊 醩 醴 醴	甘醴 감례
醪	막걸리 료 [총획] 18획 [부수] 酉 [획순] 丆 酉 酊 酊 醪 醪	濁醪 탁료
麵	밀가루 면 [난이도] 읽기 특급II [총획] 20획 [부수] 麥 [획순] 十 夾 麦 麪 麵 麵	冷麵 냉면
菹	김치 저 [난이도] 읽기 특급II [총획] 12획 [부수] 艹 [획순] 十 艹 艹 芓 菹 菹	醃菹 엄저
醬	장 장 [난이도] 읽기 1급 쓰기 특급 [총획] 18획 [부수] 酉 [획순] 丬 爿 將 將 醬 醬	炸醬麵 자장면
羹	국 갱 [난이도] 읽기 1급 쓰기 특급 [총획] 19획 [부수] 羊 [획순] 䒑 羊 羔 羔 羹 羹	羹獻 갱헌
臛	고깃국 학 [총획] 20획 [부수] 月 [획순] 丿 月 肝 肝 臛 臛	臛臛婆 확확파

飮 飮
食 食
肴 肴
膳 膳
飯 飯
餠 餠
糜 糜
粥 粥
酒 酒
醴 醴
醪 醪
麵 麵
菹 菹
醬 醬
羹 羹
臛 臛

脯
포 포
[난이도] 읽기 1급 쓰기 특급 [총획] 11획 [부수] 月
[획순] 丿 月 肀 肻 脜 脯
肉脯 육포

醢
젓 해
[난이도] 읽기 특급 [총획] 17획 [부수] 酉
[획순] 冂 酉 酉 酢 醅 醢
石花醢 석화해

腒
날짐승 포 거
[총획] 12획 [부수] 月
[획순] 丿 月 肀 肥 腒 腒
腒

鱐
어포 숙
[총획] 24획 [부수] 魚
[획순] 𠂊 角 魚 魰 鱐 鱐

膾
회 회
[난이도] 읽기 1급 쓰기 특급 [총획] 17획 [부수] 月
[획순] 丿 月 肸 肸 膾 膾
生鮮膾 생선회

炙
구이 적
[총획] 8획 [부수] 火
[획순] ノ ク 夕 夕 多 炙
醬散炙 장산적

飴
엿 이
[난이도] 읽기 특급Ⅱ [총획] 14획 [부수] 食
[획순] 飠 飠 飴 飴 飴 飴
水飴 수이

蜜
꿀 밀
[난이도] 읽기 3급 쓰기 2급 [총획] 14획 [부수] 虫
[획순] 宀 宓 宓 宻 蜜 蜜
蜜蠟 밀랍

醋
초 초
[난이도] 읽기 1급 쓰기 특급 [총획] 15획 [부수] 酉
[획순] 冂 酉 酉 酣 醋 醋
醋酸 초산

齏
양념 제
[총획] 23획 [부수] 齊
[획순] 亠 亣 齊 齊 齏 齏

油
기름 유
[난이도] 읽기 6급 쓰기 5급 [총획] 8획 [부수] 氵
[획순] 丶 氵 汩 油 油 油
石油 석유

鹽
소금 염
[난이도] 읽기 3급Ⅱ 쓰기 2급 [총획] 24획 [부수] 鹵
[획순] 臣 臣 臣 鹽 鹽 鹽
鹽酸 염산

豉
메주 시
[총획] 11획 [부수] 豆
[획순] 一 豆 豆 豉 豉 豉
粉豉 분시

糟
지게미 조
[난이도] 읽기 1급 쓰기 특급 [총획] 17획 [부수] 米
[획순] 米 米 粬 糟 糟 糟
酒糟 주조

麯
누룩 국
[총획] 17획 [부수] 麥
[획순] 十 夾 麥 麥 麯 麯
麯茶 곡차

糱
술밑 얼
[총획] 22획 [부수] 米
[획순] 艹 艹 薛 薛 糱 糱

鐘
쇠북 종
[총획] 20획 [부수] 金
[획순] 𠆢 ⺈ 釒 鉒 鍂 鐘
警鐘 경종

鼓
북 고
[난이도] 읽기 3급II 쓰기 2급 [총획] 13획 [부수] 鼓
[획순] 士 吉 直 壴 鼓 鼓
鼓吹 고취

磬
경쇠 경
[난이도] 읽기 1급 쓰기 특급 [총획] 16획 [부수] 石
[획순] 士 声 殸 殸 磬 磬
風磬 풍경

管
저 관
[난이도] 읽기 4급 쓰기 3급 [총획] 14획 [부수] 竹
[획순] ⺮ 竹 笁 笇 管 管
管理 관리

簫
통소 소
[난이도] 읽기 1급 쓰기 특급 [총획] 19획 [부수] 竹
[획순] ⺮ 竹 笁 筆 簫 簫
洞簫 통소

笛
피리 적
[난이도] 읽기 3급II 쓰기 2급 [총획] 11획 [부수] 竹
[획순] ⺮ 竹 竹 笛 笛 笛
汽笛 기적

琴
거문고 금
[난이도] 읽기 3급II 쓰기 2급 [총획] 12획 [부수] 王
[획순] 丅 王 玨 玨 琹 琴
伽倻琴 가야금

瑟
악기 이름 슬
[난이도] 쓰기 특급II [총획] 13획 [부수] 王
[획순] 丅 王 玨 玨 琵 瑟
清瑟 청슬

仁
어질 인
[난이도] 읽기 4급 쓰기 3급 [총획] 4획 [부수] 亻
[획순] ノ 亻 仁 仁
仁者 인자

義
옳을 의
[난이도] 읽기 4급II 쓰기 3급II [총획] 13획 [부수] 羊
[획순] 䒑 羊 羊 義 義 義
義務 의무

禮
예도 례
[총획] 18획 [부수] 示
[획순] 亍 礻 礻 禮 禮 禮
禮節 예절

智
슬기 지
[난이도] 읽기 4급 쓰기 3급 [총획] 12획 [부수] 日
[획순] 𠂉 矢 知 知 智 智
智慧 지혜

孝
효도 효
[난이도] 읽기 7급II 쓰기 6급 [총획] 7획 [부수] 子
[획순] 十 土 耂 耂 孝 孝
孝道 효도

悌
공손할 제
[난이도] 읽기 1급 쓰기 특급 [총획] 10획 [부수] 忄
[획순] 丶 忄 忄 悄 悌 悌
仁悌 인제

忠
충성 충
[난이도] 읽기 4급II 쓰기 3급II [총획] 8획 [부수] 心
[획순] 冂 口 中 中 忠 忠
忠誠 충성

信
믿을 신
[난이도] 읽기 6급II 쓰기 5급II [총획] 9획 [부수] 亻
[획순] 亻 亻 仁 仁 信 信
信賴 신뢰

慈
사랑할 자
[난이도] 읽기 3급II 쓰기 2급 [총획] 13획 [부수] 心
[획순] 䒑 𠂉 玄 兹 慈 慈
慈悲 자비

良
어질 량
[난이도] 읽기 5급II 쓰기 4급II [총획] 7획 [부수] 艮
[획순] ㇇ ⺕ ⺕ 㞢 自 良
改良 개량

敦
도타울 돈
[난이도] 읽기 3급 쓰기 2급 [총획] 12획 [부수] 攵
[획순] 亠 亯 享 享 敦 敦
敦篤 돈독

睦
화목할 목
[난이도] 읽기 3급II 쓰기 2급 [총획] 13획 [부수] 目
[획순] 冂 目 𥃲 𥄳 睦 睦
和睦 화목

寬
너그러울 관
[난이도] 읽기 3급II 쓰기 2급 [총획] 15획 [부수] 宀
[획순] 宀 宀 宵 寛 寬 寬
寬容 관용

和
화할 화
[난이도] 읽기 6급II 쓰기 5급II [총획] 8획 [부수] 口
[획순] 𠂉 千 禾 利 和 和
和合 화합

恭
공손할 공
[난이도] 읽기 3급II 쓰기 2급 [총획] 10획 [부수] ⺗
[획순] 𠂉 千 禾 利 和 和
恭敬 공경

愼
삼갈 신
[난이도] 읽기 3급II 쓰기 2급 [총획] 13획 [부수] 忄
[획순] 忄 忙 忡 愃 愼 愼
愼重 신중

是
옳을 시
[난이도] 읽기 4급II 쓰기 3급II [총획] 9획 [부수] 日
[획순] 冂 日 旦 旦 旱 是
是非 시비

非
그를 비
[난이도] 읽기 4급II 쓰기 3급II [총획] 8획 [부수] 非
[획순] 丨 丬 彐 非 非 非
非難 비난

善
착할 선
[난이도] 읽기 5급 쓰기 4급 [총획] 12획 [부수] 口
[획순] 䒑 兰 羊 善 善 善
善惡 선악

惡
모질 악
[난이도] 읽기 5급II 쓰기 4급II [총획] 12획 [부수] 心
[획순] 一 亞 亞 亞 惡 惡
惡化 악화

吉
길할 길
[난이도] 읽기 5급 쓰기 4급 [총획] 6획 [부수] 口
[획순] 一 十 士 吉 吉 吉
吉凶 길흉

凶
흉할 흉
[난이도] 읽기 5급II 쓰기 4급II [총획] 4획 [부수] 凵
[획순] ノ 乂 凶 凶
凶器 흉기

悔
뉘우칠 회
[난이도] 읽기 3급II 쓰기 2급 [총획] 10획 [부수] 忄
[획순] 忄 忙 忙 悔 悔 悔
悔恨 회한

吝
인색할 린
[난이도] 읽기 1급 쓰기 특급 [총획] 7획 [부수] 口
[획순] 亠 ナ 文 文 吝 吝
吡吝 자린

聖
성인 성
[난이도] 읽기 4급II 쓰기 3급II [총획] 13획 [부수] 耳
[획순] 𠂉 耳 耶 耶 聖 聖
聖域 성역

賢
착할 현
[난이도] 읽기 4급II 쓰기 3급II [총획] 15획 [부수] 貝
[획순] 臣 臤 賢 賢
賢明 현명

睿
성인 예
[난이도] 쓰기 특급II [총획] 14획 [부수] 目
[획순] 睿 睿
睿智 예지

哲
밝을 철
[난이도] 읽기 3급II 쓰기 2급 [총획] 10획 [부수] 口
[획순] 扌 扌 扩 折 哲 哲
哲學 철학

英
영웅 영
[난이도] 읽기 6급 쓰기 5급 [총획] 9획 [부수] 艹
[획순] 艹 艹 芀 苂 英 英
英雄 영웅

傑
영걸 걸
[난이도] 읽기 4급 쓰기 3급 [총획] 12획 [부수] 亻
[획순] 亻 亻 仵 侳 倈 傑
傑作 걸작

豪
호걸 호
[난이도] 읽기 3급II 쓰기 2급 [총획] 14획 [부수] 豕
[획순] 亠 古 亨 亭 豪 豪
豪傑 호걸

俊
준걸 준
[난이도] 읽기 3급 쓰기 2급 [총획] 9획 [부수] 亻
[획순] 亻 仒 俊 俊 俊 俊
俊秀 준수

春
봄 춘
[난이도] 읽기 7급 쓰기 6급 [총획] 9획 [부수] 日
[획순] 一 三 夫 夫 春 春
春分 춘분

夏
여름 하
[난이도] 읽기 7급 쓰기 6급 [총획] 10획 [부수] 夊
[획순] 一 丙 百 頁 夏 夏
夏至 하지

秋
가을 추
[난이도] 읽기 7급 쓰기 6급 [총획] 9획 [부수] 禾
[획순] 二 千 禾 秒 秋 秋
秋夕 추석

冬
겨울 동
[난이도] 읽기 7급 쓰기 6급 [총획] 5획 [부수] 冫
[획순] ノ 夕 夂 冬 冬
冬至 동지

歲
해 세
[난이도] 읽기 5급II 쓰기 4급II [총획] 13획 [부수] 止
[획순] 止 产 岸 歲 歲 歲
歲月 세월

時
때 시
[난이도] 읽기 7급II 쓰기 6급 [총획] 10획 [부수] 日
[획순] 日 日 旪 旪 時 時
時間 시간

早
이를 조
[난이도] 읽기 4급II 쓰기 3급II [총획] 6획 [부수] 日
[획순] 丨 冂 日 旦 旦 早
早期 조기

晩
늦을 만
[난이도] 읽기 3급II 쓰기 2급 [총획] 12획 [부수] 日
[획순] 日 日 昈 晩 晩 晩
晩婚 만혼

寒
찰 한
[난이도] 읽기 5급 쓰기 4급 [총획] 12획 [부수] 宀
[획순] 宀 宑 寉 寉 寒 寒
寒冷 한랭

暑
더울 서
[난이도] 읽기 3급 쓰기 2급 [총획] 13획 [부수] 日
[획순] 冂 日 旦 昇 暑 暑
處暑 처서

溫
따뜻할 온
[난이도] 읽기 6급 쓰기 5급 [총획] 13획 [부수] 氵
[획순] 丶 氵 沪 泗 溫 溫
溫度 온도

涼
서늘할 량
[난이도] 읽기 3급II 쓰기 2급 [총획] 11획 [부수] 氵
[획순] 亠 氵 氵 泞 涼 涼
清涼劑 청량제

晴
갤 청
[난이도] 읽기 3급 쓰기 2급 [총획] 12획 [부수] 日
[획순] 丨 日 旪 昛 晴 晴
晴天 청천

曀
흐릴 에
[총획] 16획 [부수] 日
[획순] 丨 日 旷 晝 曀 曀
曀曀 에에

潞
장마 로
[총획] 15획 [부수] 氵
[획순] 氵 氵 泮 涝 潞 潞
(example not printed)

旱
가물 한
[난이도] 읽기 3급 쓰기 2급 [총획] 7획 [부수] 日
[획순] 冂 月 日 旦 旦 旱
旱魃 한발

晝
낮 주
[난이도] 읽기 6급 쓰기 5급 [총획] 11획 [부수] 日
[획순] 乛 ⺕ 聿 書 書 晝
晝夜 주야

夜
밤 야
[난이도] 읽기 6급 쓰기 5급 [총획] 8획 [부수] 夕
[획순] 亠 广 疒 夜 夜 夜
夜間 야간

晨
새벽 신
[난이도] 읽기 3급 쓰기 2급 [총획] 11획 [부수] 日
[획순] 冂 日 戸 旦 晨 晨
晨星 신성

昏
어두울 혼
[난이도] 읽기 3급 쓰기 2급 [총획] 8획 [부수] 日
[획순] 丆 乒 氏 昏 昏 昏
昏亂 혼란

曉
새벽 효
[난이도] 읽기 3급 쓰기 2급 [총획] 16획 [부수] 日
[획순] 丨 日 旷 睡 曉 曉
曉星 효성

晡
신시 포
[총획] 11획 [부수] 日
[획순] 丨 日 旷 晌 晡 晡
朝晡 조포

朝
아침 조
[난이도] 읽기 6급 쓰기 5급 [총획] 12획 [부수] 月
[획순] 十 古 吉 卓 朝 朝
朝餐 조찬

夕
저녁 석
[난이도] 읽기 7급 쓰기 6급 [총획] 3획 [부수] 夕
[획순] ノ ク 夕
夕刊 석간

昨

어제 작

[난이도] 읽기 6급II 쓰기 5급II [총획] 9획 [부수] 日
[획순] 日 日 日' 昨 昨 昨

昨年 작년

翌

내일 익

[난이도] 읽기 1급 쓰기 특급 [총획] 11획 [부수] 羽
[획순] 翌 翌 翌 翌 翌 翌

翌月 익월

期

기약 기

[난이도] 읽기 5급 쓰기 4급 [총획] 12획 [부수] 月
[획순] 廾 廾 其 其 期 期

期待 기대

晬

돌 수

[총획] 12획 [부수] 日
[획순] 日 日 日' 日' 晬 晬

晬身 수신

旬

열흘 순

[난이도] 읽기 3급II 쓰기 2급 [총획] 16획 [부수] 日
[획순] ノ 勹 勺 旬 旬 旬

中旬 중순

朢

보름 망

[총획] 14획 [부수] 月
[획순] 朢 朢 朢 朢 朢 朢

朢月 망월

晦

그믐 회

[난이도] 읽기 1급 쓰기 특급 [총획] 11획 [부수] 日
[획순] 日 日 日' 晦 晦 晦

晦間 회간

朔

초하루 삭

[난이도] 읽기 3급 쓰기 2급 [총획] 10획 [부수] 月
[획순] 朔 朔 朔 朔 朔 朔

朔風 삭풍

東

동녘 동

[난이도] 읽기 8급 쓰기 6급II [총획] 8획 [부수] 木
[획순] 一 丆 百 百 東 東

東海 동해

西

서녘 서

[난이도] 읽기 8급 쓰기 6급II [총획] 6획 [부수] 襾
[획순] 一 丆 丙 丙 西 西

西洋 서양

南

남녘 남

[난이도] 읽기 8급 쓰기 6급II [총획] 9획 [부수] 十
[획순] 一 十 冂 冂 南 南

南北 남북

北

북녘 북

[난이도] 읽기 8급 쓰기 6급II [총획] 5획 [부수] 匕
[획순] 丨 ㅓ 丬 北 北

北極 북극

左

왼 좌

[난이도] 읽기 7급II 쓰기 6급 [총획] 5획 [부수] 工
[획순] 一 ナ 左 左 左

左遷 좌천

右

오른편 우

[난이도] 읽기 7급II 쓰기 6급 [총획] 5획 [부수] 口
[획순] ノ ナ 右 右 右

極右 극우

前

앞 전

[난이도] 읽기 7급II 쓰기 6급 [총획] 9획 [부수] 刂
[획순] 丷 䒑 前 前 前 前

前哨 전초

後

뒤 후

[난이도] 읽기 7급II 쓰기 6급 [총획] 9획 [부수] 彳
[획순] 彳 彳 彳 後 後 後

後孫 후손

上

윗 상

[난이도] 읽기 7급II 쓰기 6급 [총획] 3획 [부수] 一
[획순] 丨 卜 上

上昇 상승

下

아래 하

[난이도] 읽기 7급II 쓰기 6급 [총획] 3획 [부수] 一
[획순] 一 丅 下

下降 하강

中

가운데 중

[난이도] 읽기 8급 쓰기 6급II [총획] 4획 [부수] 丨
[획순] 丨 冂 口 中

中心 중심

間

사이 간

[난이도] 읽기 7급II 쓰기 6급 [총획] 12획 [부수] 門
[획순] 𠃊 ㄗ 門 門 問 間

間隔 간격

登

오를 등

[난이도] 읽기 7급 쓰기 6급 [총획] 12획 [부수] 癶
[획순] ㇇ 癶 癶 癶 登 登

登山 등산

降

내릴 강

[난이도] 읽기 4급 쓰기 3급 [총획] 9획 [부수] 阝
[획순] ㇋ 阝 阝 阝 阝 降

降水量 강수량

仰

우러를 앙

[난이도] 읽기 3급II 쓰기 2급 [총획] 6획 [부수] 亻
[획순] ノ 亻 亻 亻 仰 仰

推仰 추앙

俯

구부릴 부

[난이도] 읽기 1급 쓰기 특급 [총획] 10획 [부수] 亻
[획순] 亻 广 广 俯 俯 俯

俯仰 부앙

邊

가 변

[난이도] 읽기 4급II 쓰기 3급II [총획] 19획 [부수] 辶
[획순] 冖 自 息 臱 臱 邊

邊方 변방

隅

모퉁이 우

[난이도] 읽기 1급 쓰기 특급 [총획] 12획 [부수] 阝
[획순] ㇋ 阝 阝 阝 隅 隅

隅柱 우주

傍

곁 방

[난이도] 읽기 3급 쓰기 2급 [총획] 12획 [부수] 亻
[획순] 亻 亻 亻 傍 傍 傍

傍證 방증

側

곁 측

[난이도] 읽기 3급II 쓰기 2급 [총획] 11획 [부수] 亻
[획순] 亻 们 俱 俱 側 側

側近 측근

內

안 내

[난이도] 읽기 3급II 쓰기 6급 [총획] 4획 [부수] 入
[획순] 丨 冂 冂 內

內容 내용

外

바깥 외

[난이도] 읽기 8급 쓰기 6급II [총획] 5획 [부수] 夕
[획순] ノ ク 夕 夘 外

外貌 외모

表

겉 표

[난이도] 읽기 6급II 쓰기 5급II [총획] 8획 [부수] 衣
[획순] 一 十 丰 主 耒 表

表現 표현

裏

속 리

[난이도] 읽기 3급II 쓰기 2급 [총획] 13획 [부수] 衣
[획순] 亠 亩 审 重 裏 裏

心裏 심리

彼 此 處 所

彼 저 피
[난이도] 읽기 3급II 쓰기 2급 [총획] 8획 [부수] 彳
[획순] 彳 彳 彴 彶 彼 彼
彼岸 피안

此 이 차
[난이도] 읽기 3급II 쓰기 2급 [총획] 6획 [부수] 止
[획순] 丨 卜 lt 止 此 此
此後 차후

處 곳 처
[난이도] 읽기 4급II 쓰기 3급II [총획] 11획 [부수] 虍
[획순] 虍 虍 虎 處 處 處
處理 처리

所 처소 소
[난이도] 읽기 7급 쓰기 6급 [총획] 8획 [부수] 戶
[획순] 一 彐 戶 所 所 所
所得 소득

往 來 行 止

往 갈 왕
[난이도] 읽기 4급II 쓰기 3급II [총획] 8획 [부수] 彳
[획순] 彳 彳 彳 彳 往 往
往來 왕래

來 올 래
[난이도] 읽기 7급 쓰기 6급 [총획] 8획 [부수] 人
[획순] 一 双 双 來 來 來
未來 미래

行 다닐 행
[난이도] 읽기 6급 쓰기 5급 [총획] 6획 [부수] 行
[획순] 一 双 双 來 來 來
行爲 행위

止 그칠 지
[난이도] 읽기 5급 쓰기 4급 [총획] 4획 [부수] 止
[획순] 一 丰 丰 青 青 青
禁止 금지

青 黃 赤 黑

青 푸를 청
[난이도] 읽기 8급 쓰기 6급II [총획] 8획 [부수] 青
[획순] 一 丰 丰 青 青 青
青年 청년

黃 누를 황
[난이도] 읽기 6급 쓰기 5급 [총획] 12획 [부수] 黃
[획순] 廿 廿 芇 茾 黄 黃
黃沙 황사

赤 붉을 적
[난이도] 읽기 5급 쓰기 4급 [총획] 7획 [부수] 赤
[획순] 一 十 土 赤 赤 赤
赤血球 적혈구

黑 검을 흑
[난이도] 읽기 5급 쓰기 4급 [총획] 12획 [부수] 黑
[획순] 口 罒 罒 甼 里 黑
暗黑 암흑

朱 玄 素 白

朱 붉을 주
[난이도] 읽기 4급 쓰기 3급 [총획] 6획 [부수] 木
[획순] ノ 二 牛 牛 朱 朱
朱蒙 주몽

玄 검을 현
[난이도] 읽기 3급II 쓰기 2급 [총획] 5획 [부수] 玄
[획순] 丶 亠 玄 玄 玄
玄米 현미

素 흴 소
[난이도] 읽기 4급II 쓰기 3급II [총획] 10획 [부수] 糸
[획순] 十 丰 圭 素 素 素
素材 소재

白 흰 백
[난이도] 읽기 8급 쓰기 6급II [총획] 5획 [부수] 白
[획순] ノ 亻 白 白 白
白眼視 백안시

丹

붉을 단

[난이도] 읽기 3급II 쓰기 2급 [총획] 4획 [부수] 丶
[획순] 丿 冂 冃 丹

丹粧 단장

紺

보라 감

[난이도] 읽기 1급 쓰기 특급 [총획] 11획 [부수] 糸
[획순] 幺 糸 糸 紅 紺 紺

紺色 감색

蒼

푸를 창

[난이도] 읽기 3급II 쓰기 2급 [총획] 14획 [부수] 艹
[획순] 艹 芺 苓 荅 蒼 蒼

蒼空 창공

翠

푸를 취

[난이도] 읽기 1급 쓰기 특급 [총획] 14획 [부수] 羽
[획순] 习 羽 羽 翠 翠 翠

翡翠 비취

紅

붉을 홍

[난이도] 읽기 4급 쓰기 3급 [총획] 9획 [부수] 糸
[획순] 𠃋 幺 糸 紅 紅 紅

紅茶 홍차

紫

자색 자

[난이도] 읽기 3급II 쓰기 2급 [총획] 12획 [부수] 糸
[획순] 止 止 此 紫 紫 紫

紫外線 자외선

綠

초록 록

[난이도] 읽기 6급 쓰기 5급 [총획] 14획 [부수] 糸
[획순] 幺 糸 糸 綠 綠 綠

常綠 상록

碧

푸를 벽

[난이도] 읽기 3급II 쓰기 2급 [총획] 14획 [부수] 石
[획순] 丅 王 珀 珀 碧 碧

桑碧 상벽

酸

실 산

[난이도] 읽기 2급 쓰기 1급 [총획] 14획 [부수] 酉
[획순] 丌 丙 酉 酢 酸 酸

酸素 산소

鹹

짤 함

[난이도] 읽기 1급 쓰기 특급 [총획] 20획 [부수] 鹵
[획순] 卢 卤 鹵 鹹 鹹 鹹

鹹度 함도

甘

달 감

[난이도] 읽기 4급 쓰기 3급 [총획] 5획 [부수] 甘
[획순] 一 十 廿 甘 甘

甘受 감수

苦

쓸 고

[난이도] 읽기 6급 쓰기 5급 [총획] 9획 [부수] 艹
[획순] 十 艹 芏 苹 苦 苦

苦痛 고통

辛

매울 신

[난이도] 읽기 3급 쓰기 2급 [총획] 7획 [부수] 辛
[획순] 亠 亡 立 立 辛 辛

辛辣 신랄

辣

아릴 랄

[난이도] 읽기 1급 쓰기 특급 [총획] 14획 [부수] 辛
[획순] 立 立 辛 辛 辣 辣

惡辣 악랄

羶

누릴 전

[총획] 19획 [부수] 羊
[획순] 䒑 羊 羊 羶 羶 羶

羶臭 전취

腥

비릴 성

[난이도] 읽기 특급II [총획] 13획 [부수] 月
[획순] 丿 月 月 胆 腥 腥

腥血 성혈

臭
냄새 취
[난이도] 읽기 3급 쓰기 2급 [총획] 10획 [부수] 自
[획순] 白 自 自 息 臭 臭
惡臭 악취

味
맛 미
[난이도] 읽기 4급II 쓰기 3급II [총획] 8획 [부수] 口
[획순] 口 口 口 吀 吽 味
味覺 미각

聲
소리 성
[난이도] 읽기 4급II 쓰기 3급II [총획] 17획 [부수] 耳
[획순] 士 声 声 殸 聲 聲
聲明 성명

色
빛 색
[난이도] 읽기 7급 쓰기 6급 [총획] 6획 [부수] 色
[획순] ノ ク 今 午 名 色
色彩 색채

嗅
맡을 후
[난이도] 읽기 1급 쓰기 특급 [총획] 13획 [부수] 口
[획순] 口 口 口 口 嗅 嗅
嗅覺 후각

啗
씹을 담
[총획] 11획 [부수] 口
[획순] 口 口 口 口 啗 啗
鴉啗瘡 아담창

視
볼 시
[난이도] 읽기 4급II 쓰기 3급II [총획] 12획 [부수] 見
[획순] 二 亍 礻 祁 祖 視
視察 시찰

聽
들을 청
[난이도] 읽기 4급 쓰기 3급 [총획] 22획 [부수] 耳
[획순] 耳 耳 耳 聽 聽 聽
聽取 청취

音
소리 음
[난이도] 읽기 6급II 쓰기 5급II [총획] 9획 [부수] 音
[획순] 亠 立 立 产 音 音
音樂 음악

響
울릴 향
[난이도] 읽기 3급II 쓰기 2급 [총획] 22획 [부수] 音
[획순] 乡 绅 鄉 響 響 響
響應 향응

芳
향내 방
[난이도] 읽기 3급II 쓰기 2급 [총획] 8획 [부수] 艹
[획순] 艹 艹 艹 芀 芳 芳
芳年 방년

香
향기 향
[난이도] 읽기 4급II 쓰기 3급II [총획] 9획 [부수] 香
[획순] 二 千 禾 香 香 香
香氣 향기

光
빛날 광
[난이도] 읽기 6급II 쓰기 5급II [총획] 6획 [부수] 儿
[획순] 丨 丬 业 业 光 光
光復 광복

彩
채색 채
[난이도] 읽기 3급II 쓰기 2급 [총획] 11획 [부수] 彡
[획순] 一 爫 平 采 彩 彩
彩色 채색

形
모양 형
[난이도] 읽기 6급II 쓰기 5급II [총획] 7획 [부수] 彡
[획순] 二 于 开 开 形 形
形式 형식

影
그림자 영
[난이도] 읽기 3급II 쓰기 2급 [총획] 15획 [부수] 彡
[획순] 口 日 昌 景 影 影
影響 영향

唱
노래 부를 **창**
[난이도] 읽기 5급 쓰기 4급 [총획] 11획 [부수] 口
[획순] 冂 口 叩 吅 唱 唱
唱法 창법

嘯
휘파람 불 **소**
[난이도] 읽기 특급II [총획] 16획 [부수] 口
[획순] 口 叩 咁 嘯 嘯 嘯
吟嘯 음소

吹
불 **취**
[난이도] 읽기 3급II 쓰기 2급 [총획] 7획 [부수] 口
[획순] 冂 口 口' 叻 吹 吹
鼓吹 고취

彈
튕길 **탄**
[난이도] 읽기 4급 쓰기 3급 [총획] 15획 [부수] 弓
[획순] 弓 弘 弨 彈 彈 彈
彈壓 탄압

舞
춤 출 **무**
[난이도] 읽기 4급 쓰기 3급 [총획] 14획 [부수] 舛
[획순] 𠂉 無 無 舞 舞 舞
舞踊 무용

蹈
밟을 **도**
[난이도] 읽기 1급 쓰기 특급 [총획] 17획 [부수] 足
[획순] 口 早 足 跕 蹈 蹈
舞蹈 무도

歌
노래 **가**
[난이도] 읽기 7급 쓰기 6급 [총획] 14획 [부수] 欠
[획순] 丁 可 哥 哥 歌 歌
歌詞 가사

詠
읊을 **영**
[난이도] 읽기 3급 쓰기 2급 [총획] 12획 [부수] 言
[획순] 亠 言 言 訁 詠 詠
詠歌 영가

睨
흘겨볼 **예**
[난이도] 읽기 특급 [총획] 13획 [부수] 目
[획순] 目 目 盯 睨 睨 睨
睥睨 비예

窺
엿볼 **규**
[난이도] 읽기 1급 쓰기 특급 [총획] 16획 [부수] 穴
[획순] 宀 穴 窂 窺 窺 窺
窺視 규시

眺
바라볼 **조**
[난이도] 읽기 1급 쓰기 특급 [총획] 11획 [부수] 目
[획순] 目 目 目 眇 眺 眺
眺望 조망

望
바랄 **망**
[난이도] 읽기 5급II 쓰기 4급II [총획] 11획 [부수] 月
[획순] 亠 亡 切 望 望 望
望樓 망루

顧
돌아볼 **고**
[난이도] 읽기 3급 쓰기 2급 [총획] 21획 [부수] 頁
[획순] 戶 戸 雇 雇 顧 顧
回顧 회고

瞻
쳐다볼 **첨**
[난이도] 쓰기 특급II [총획] 18획 [부수] 目
[획순] 目 目 瞻 瞻 瞻 瞻
視瞻 시첨

觀
볼 **관**
[난이도] 읽기 5급II 쓰기 4급II [총획] 25획 [부수] 見
[획순] 艹 艹 雚 雚 觀 觀
觀光 관광

省
살필 **성**
[난이도] 읽기 6급II 쓰기 5급II [총획] 9획 [부수] 目
[획순] 亅 小 少 省 省 省
省墓 성묘

吞 삼킬 탄
[난이도] 읽기 1급 쓰기 특급 [총획] 7획 [부수] 口
[획순] 二 チ 天 吞 吞 吞
倂吞 병탄

吐 토할 토
[난이도] 읽기 3급II 쓰기 2급 [총획] 6획 [부수] 口
[획순] 丨 冂 口 口一 叶 吐
吐說 토설

噓 불 허
[난이도] 읽기 1급 쓰기 특급 [총획] 15획 [부수] 口
[획순] 冂 口 口卢 口虍 嘘 噓
吹噓 취허

吸 들이쉴 흡
[난이도] 읽기 4급II 쓰기 3급II [총획] 7획 [부수] 口
[획순] 丨 冂 口 叨 吸 吸
吸煙 흡연

飢 주릴 기
[난이도] 읽기 3급 쓰기 2급 [총획] 11획 [부수] 食
[획순] 𠆢 今 飠 飠 飣 飢
飢餓 기아

飽 배부를 포
[난이도] 읽기 3급 쓰기 2급 [총획] 14획 [부수] 食
[획순] 𠆢 飠 飠 飣 飽 飽
飽滿 포만

醉 취할 취
[난이도] 읽기 3급II 쓰기 2급 [총획] 15획 [부수] 酉
[획순] 冂 两 酉 酊 醉 醉
醉興 취흥

醒 깰 성
[난이도] 읽기 1급 쓰기 특급 [총획] 16획 [부수] 酉
[획순] 冂 两 酉 酲 醒 醒
覺醒 각성

聾 귀먹을 롱
[난이도] 읽기 1급 쓰기 특급 [총획] 22획 [부수] 耳
[획순] 立 音 龍 龍 龔 聾
聾啞 농아

瞽 소경 고
[난이도] 읽기 특급 [총획] 18획 [부수] 目
[획순] 士 吉 壴 鼓 瞽 瞽
瞽人 고인

聵 귀머거리 외
[총획] 18획 [부수] 耳
[획순] 𠀃 耳 聀 聕 聵 聵
聾聵 농외

矇 청맹과니 몽
[난이도] 읽기 특급 [총획] 19획 [부수] 目
[획순] 冂 目 眬 瞢 矇 矇
矇瞍 몽수

聞 들을 문
[난이도] 읽기 6급II 쓰기 5급II [총획] 14획 [부수] 耳
[획순] 𠂆 𠃌 門 門 聞 聞
新聞 신문

見 볼 견
[난이도] 읽기 5급II 쓰기 4급II [총획] 7획 [부수] 見
[획순] 冂 月 月 目 貝 見
見解 견해

聰 귀 밝을 총
[난이도] 읽기 3급 쓰기 2급 [총획] 17획 [부수] 耳
[획순] 𠀃 耳 耶 聦 聰 聰
聰明 총명

察 살필 찰
[난이도] 읽기 4급II 쓰기 3급II [총획] 14획 [부수] 宀
[획순] 宀 灾 罗 寂 察 察
觀察 관찰

寤
잠 깰 오

[난이도] 읽기 1급 쓰기 특급 [총획] 14획 [부수] 宀
[획순] 宀 宀 㝉 㝑 寤 寤

覺寤 각오

寐
잠잘 매

[난이도] 읽기 1급 쓰기 특급 [총획] 12획 [부수] 宀
[획순] 宀 宀 㝉 㝑 寐 寐

夢寐 몽매

睡
졸음 수

[난이도] 읽기 3급 쓰기 2급 [총획] 13획 [부수] 目
[획순] 丨 目 盽 睡 睡 睡

睡眠 수면

夢
꿈 몽

[난이도] 읽기 3급II 쓰기 2급 [총획] 14획 [부수] 夕
[획순] 艹 苩 苩 莔 夢 夢

惡夢 악몽

戲
희롱할 희

[난이도] 읽기 특급II [총획] 16획 [부수] 戈
[획순] 广 虍 虍 䖒 戱 戲

戲曲 희곡

笑
웃을 소

[난이도] 읽기 4급II 쓰기 3급II [총획] 10획 [부수] 竹
[획순] 𠂉 竹 竺 竺 笑 笑

微笑 미소

喧
지껄일 훤

[난이도] 읽기 1급 쓰기 특급 [총획] 12획 [부수] 口
[획순] 丨 口 吖 喧 喧 喧

喧騷 훤소

聒
떠들썩할 괄

[난이도] 읽기 특급 [총획] 12획 [부수] 耳
[획순] 𠃊 耳 耳 聇 聒 聒

聒耳 괄이

歎
탄식할 탄

[난이도] 읽기 4급 쓰기 3급 [총획] 15획 [부수] 欠
[획순] 艹 廿 堇 堇 歎 歎

恨歎 한탄

咄
괴탄할 돌

[총획] 8획 [부수] 口
[획순] 丨 口 叫 吔 咄 咄

咄嗟 돌차

瞋
눈 부릅뜰 진

[난이도] 읽기 특급II [총획] 15획 [부수] 目
[획순] 丨 目 旷 瞋 瞋 瞋

瞋怒 진노

瞬
눈 깜짝일 순

[난이도] 읽기 3급II 쓰기 2급 [총획] 17획 [부수] 目
[획순] 丨 目 旷 瞬 瞬 瞬

瞬間 순간

涕
눈물 체

[난이도] 읽기 1급 쓰기 특급 [총획] 10획 [부수] 氵
[획순] 丶 氵 氵 涕 涕 涕

感涕 감체

淚
눈물 루

[난이도] 읽기 3급 쓰기 2급 [총획] 11획 [부수] 氵
[획순] 丶 氵 汇 淚 淚 淚

催淚 최루

嗁
울 제

[총획] 13획 [부수] 口
[획순] 丨 口 吖 嗁 嗁 嗁

哭
울 곡

[난이도] 읽기 3급II 쓰기 2급 [총획] 10획 [부수] 口
[획순] 口 口 吅 吅 哭 哭

痛哭 통곡

鼾

코 골 한

[총획] 17획 [부수] 鼻

[획순] 冂 自 畠 鼻 鼾 鼾

鼾睡 한수

啞

벙어리 아

[난이도] 읽기 1급 쓰기 특급 [총획] 11획 [부수] 口

[획순] 口 口 口 吘 啞 啞

啞子 아자

顰

찡그릴 빈

[총획] 24획 [부수] 頁

[획순] 止 步 頻 頻 顰 顰

顰蹙 빈축

呻

읊조릴 신

[난이도] 읽기 1급 쓰기 특급 [총획] 8획 [부수] 口

[획순] 口 口 叩 吅 呾 呻

呻吟 신음

噴

뿜을 분

[난이도] 읽기 1급 쓰기 특급 [총획] 15획 [부수] 口

[획순] 口 口 叩 吅 呾 呻

噴出 분출

嚏

재채기 체

[난이도] 읽기 특급 [총획] 18획 [부수] 口

[획순] 口 吋 咕 嗇 嚔 嚏

噴嚏 분체

唾

침 타

[난이도] 읽기 1급 쓰기 특급 [총획] 11획 [부수] 口

[획순] 口 口 口 呸 唾 唾

唾液 타액

衄

코피 뉵

[총획] 11획 [부수] 血

[획순] 白 血 血 衄 衄 衄

衄血 육혈

拳

주먹 권

[난이도] 읽기 3급Ⅱ 쓰기 2급 [총획] 10획 [부수] 手

[획순] 丷 兰 关 类 巻 拳

拳法 권법

掬

움킬 국

[총획] 11획 [부수] 扌

[획순] 扌 扌 扚 拘 掬 掬

掬水 국수

拱

손잡을 공

[난이도] 읽기 1급 쓰기 특급 [총획] 9획 [부수] 扌

[획순] 扌 扌 扌 拱 拱 拱

拱手 공수

抱

안을 포

[난이도] 읽기 3급 쓰기 2급 [총획] 8획 [부수] 扌

[획순] 扌 扌 扌 扚 拘 抱

抱負 포부

握

쥘 악

[난이도] 읽기 2급 쓰기 1급 [총획] 12획 [부수] 扌

[획순] 扌 扌 护 掘 握 握

握手 악수

執

잡을 집

[난이도] 읽기 3급Ⅱ 쓰기 2급 [총획] 11획 [부수] 土

[획순] 土 圭 幸 幸 執 執

執着 집착

扶

붙들 부

[난이도] 읽기 3급Ⅱ 쓰기 2급 [총획] 7획 [부수] 扌

[획순] 扌 扌 扌 扶 扶 扶

扶養 부양

持

가질 지

[난이도] 읽기 4급 쓰기 3급 [총획] 9획 [부수] 扌

[획순] 扌 扌 扌 抴 持 持

持續 지속

擡

들 대
[난이도] 읽기 1급 쓰기 특급 [총획] 17획 [부수] 扌
[획순] 扌 扩 抯 擡 擡 擡
擡頭 대두

擧

들 거
[난이도] 읽기 5급 쓰기 4급 [총획] 18획 [부수] 手
[획순] ⺊ 𦥑 與 與 與 擧
擧手 거수

捫

어루만질 문
[난이도] 읽기 특급 [총획] 11획 [부수] 扌
[획순] 亅 扌 扪 捫 捫 捫

搔

긁을 소
[난이도] 읽기 1급 쓰기 특급 [총획] 13획 [부수] 扌
[획순] 亅 扌 扠 搔 搔 搔
搔爬 소파

攀

더위잡을 반
[난이도] 읽기 1급 쓰기 특급 [총획] 19획 [부수] 手
[획순] 木 林 楙 樊 攀 攀
登攀 등반

捧

받들 봉
[난이도] 읽기 1급 쓰기 특급 [총획] 11획 [부수] 扌
[획순] 亅 扌 扌 挟 捧 捧
捧納 봉납

提

끌 제
[난이도] 읽기 4급II 쓰기 3급II [총획] 12획 [부수] 扌
[획순] 亅 扌 担 捍 提 提
提起 제기

攜

끌 휴
[난이도] 읽기 특급 [총획] 21획 [부수] 扌
[획순] 扌 扩 携 攜 攜 攜
攜持品 휴지품

醞

술 빚을 온
[난이도] 읽기 특급 [총획] 17획 [부수] 酉
[획순] 丙 酉 酉 酉 醞 醞
醞釀 온양

釀

술 빚을 양
[난이도] 읽기 1급 쓰기 특급 [총획] 24획 [부수] 酉
[획순] 丙 酉 酉 酉 醸 釀
釀造 양조

斟

술 따를 짐
[난이도] 읽기 1급 쓰기 특급 [총획] 13획 [부수] 斗
[획순] 卄 甘 其 甚 甚 斟
斟酌 짐작

酌

잔질할 작
[난이도] 읽기 3급 쓰기 2급 [총획] 10획 [부수] 酉
[획순] 一 冂 丙 酉 酌 酌
酌婦 작부

酬

술 권할 주
[난이도] 읽기 1급 쓰기 특급 [총획] 13획 [부수] 酉
[획순] 冂 丙 酉 酉 酬 酬
報酬 보수

酢

술 권할 작
[난이도] 읽기 특급II [총획] 12획 [부수] 酉
[획순] 冂 丙 酉 酢 酢 酢
酢漿草 작장초

饋

먹일 궤
[난이도] 읽기 특급II [총획] 21획 [부수] 食
[획순] 𠆢 仒 食 饋 饋 饋
饋送 궤송

餉

먹일 향
[난이도] 읽기 특급II [총획] 15획 [부수] 食
[획순] 𠆢 仒 食 飠 餉 餉
晩餉 만향

貢

바칠 공

[난이도] 읽기 3급II 쓰기 2급 [총획] 10획 [부수] 貝
[획순] 一 丅 工 干 貢 貢

貢獻 공헌

獻

드릴 헌

[난이도] 읽기 3급II 쓰기 2급 [총획] 20획 [부수] 犬
[획순] 广 广 虍 膚 獻 獻

獻血 헌혈

贈

줄 증

[난이도] 읽기 3급 쓰기 2급 [총획] 19획 [부수] 貝
[획순] 目 貝 貝 贈 贈 贈

贈與 증여

賜

줄 사

[난이도] 읽기 3급 쓰기 2급 [총획] 15획 [부수] 貝
[획순] 目 貝 貝 貝 賜 賜

賜藥 사약

求

구할 구

[난이도] 읽기 4급II 쓰기 3급II [총획] 7획 [부수] 氺
[획순] 一 寸 寸 才 求 求

求職 구직

乞

빌 걸

[난이도] 읽기 3급 쓰기 2급 [총획] 3획 [부수] 乙
[획순] ノ 𠂉 乞

乞食 걸식

報

갚을 보

[난이도] 읽기 4급II 쓰기 3급II [총획] 12획 [부수] 土
[획순] 土 圭 幸 幸 報 報

報恩 보은

償

갚을 상

[난이도] 읽기 3급II 쓰기 2급 [총획] 17획 [부수] 亻
[획순] 亻 亻 亻 償 償 償

賠償 배상

文

글 문

[난이도] 읽기 7급 쓰기 6급 [총획] 4획 [부수] 文
[획순] ' 亠 ナ 文

文章 문장

武

호반 무

[난이도] 읽기 4급II 쓰기 3급II [총획] 8획 [부수] 止
[획순] 一 二 下 正 武 武

武力 무력

技

재주 기

[난이도] 읽기 5급 쓰기 4급 [총획] 7획 [부수] 扌
[획순] 十 扌 扌 扌 技 技

技術 기술

藝

재주 예

[난이도] 읽기 4급II 쓰기 3급II [총획] 19획 [부수] 艹
[획순] 艹 艹 艹 藝 藝 藝

藝術 예술

射

쏠 사

[난이도] 읽기 4급 쓰기 3급 [총획] 10획 [부수] 寸
[획순] 冂 冃 自 身 身 射

射手 사수

御

마차 몰기 어

[난이도] 읽기 3급II 쓰기 2급 [총획] 11획 [부수] 彳
[획순] 彡 彳 作 御 御 御

制御 제어

書

글 서

[난이도] 읽기 6급II 쓰기 5급II [총획] 10획 [부수] 曰
[획순] 一 二 三 聿 書 書

書類 서류

數

셈 수

[난이도] 읽기 7급 쓰기 6급 [총획] 15획 [부수] 攵
[획순] 由 由 婁 婁 數 數

數字 숫자

史

사기 사

[난이도] 읽기 5급II 쓰기 4급II [총획] 5획 [부수] 口
[획순] ㅣ 口 口 中 史

歷史 역사

傳

글 전

[난이도] 읽기 5급II 쓰기 4급II [총획] 13획 [부수] 亻
[획순] 亻 亻 伯 伸 俥 傳

傳統 전통

詩

글 시

[난이도] 읽기 4급II 쓰기 3급II [총획] 13획 [부수] 言
[획순] 言 言 計 詩 詩 詩

詩句 시구

詞

글 사

[난이도] 읽기 3급II 쓰기 2급 [총획] 12획 [부수] 言
[획순] 言 言 言 訂 訂 詞

歌詞 가사

章

글 장

[난이도] 읽기 6급 쓰기 5급 [총획] 11획 [부수] 立
[획순] 亠 立 产 音 音 章

文章 문장

句

글귀 구

[난이도] 읽기 4급II 쓰기 3급II [총획] 5획 [부수] 口
[획순] ノ 勹 勺 句 句

句節 구절

箋

기록할 전

[난이도] 읽기 1급 쓰기 특급 [총획] 14획 [부수] 竹
[획순] ⺮ 竺 笺 笺 箋 箋

處方箋 처방전

註

글 뜻 풀 주

[난이도] 읽기 1급 쓰기 특급 [총획] 12획 [부수] 言
[획순] 言 言 言 計 計 註

註釋 주석

篆

전자 전

[난이도] 읽기 1급 쓰기 특급 [총획] 15획 [부수] 竹
[획순] ⺮ 竺 笁 笋 篆 篆

篆書 전서

字

글자 자

[난이도] 읽기 7급 쓰기 6급 [총획] 6획 [부수] 子
[획순] ' 丷 宀 宀 字 字

字音 자음

圖

그림 도

[난이도] 읽기 6급II 쓰기 5급II [총획] 14획 [부수] 口
[획순] 冂 冂 冋 冎 圖 圖

圖面 도면

畫

그림 화

[총획] 13획 [부수] 田
[획순] 彐 聿 聿 書 畫 畫

漫畫 만화

卜

점 복

[난이도] 읽기 3급 쓰기 2급 [총획] 2획 [부수] 卜
[획순] 丨 卜

卜術 복술

筮

점 서

[난이도] 읽기 특급II [총획] 13획 [부수] 竹
[획순] ⺮ 竺 竺 竿 筮 筮

卜筮 복서

律

음률 률

[난이도] 읽기 4급II 쓰기 3급II [총획] 9획 [부수] 彳
[획순] ノ 彳 彳 彳 律 律

法律 법률

曆

책력 력

[난이도] 읽기 3급II 쓰기 2급 [총획] 16획 [부수] 日
[획순] 厂 厈 厈 厤 曆 曆

太陽曆 태양력

講

외울 강

[난이도] 읽기 4급II 쓰기 3급II [총획] 17획 [부수] 言

[획순] 言 言 言䒑 講 講 講

講義 강의

讀

읽을 독

[난이도] 읽기 6급II 쓰기 5급II [총획] 22획 [부수] 言

[획순] 言 言 言亠 讀 讀 讀

讀書 독서

吟

읊을 음

[난이도] 읽기 3급 쓰기 2급 [총획] 7획 [부수] 口

[획순] 口 口 吖 吟 吟 吟

吟味 음미

誦

외울 송

[난이도] 읽기 3급 쓰기 2급 [총획] 14획 [부수] 言

[획순] 言 言 訁 誦 誦 誦

暗誦 암송

學

배울 학

[난이도] 읽기 8급 쓰기 6급II [총획] 16획 [부수] 子

[획순] 𦥑 𦥑 與 學 學

學校 학교

習

익힐 습

[난이도] 읽기 6급 쓰기 5급 [총획] 11획 [부수] 羽

[획순] ㄱ 习 羽 羽 習 習

慣習 관습

記

기록할 기

[난이도] 읽기 7급II 쓰기 6급 [총획] 10획 [부수] 言

[획순] 亠 言 言 訂 記 記

記錄 기록

錄

기록할 록

[난이도] 읽기 4급II 쓰기 3급II [총획] 16획 [부수] 金

[획순] 金 金 金 錄 錄 錄

收錄 수록

軍

군사 군

[난이도] 읽기 8급 쓰기 6급II [총획] 9획 [부수] 車

[획순] 冖 冖 冖 軍 軍 軍

軍人 군인

旅

군사 려

[난이도] 읽기 5급II 쓰기 4급II [총획] 10획 [부수] 方

[획순] 亠 方 方 方 旅 旅

軍旅 군려

營

영문 영

[난이도] 읽기 4급 쓰기 3급 [총획] 17획 [부수] 火

[획순] 火 炏 𤇾 營 營 營

陣營 진영

陣

진 칠 진

[난이도] 읽기 4급 쓰기 3급 [총획] 10획 [부수] 阝

[획순] 阝 阝 阝 陌 陣 陣

陣法 진법

攻

칠 공

[난이도] 읽기 4급 쓰기 3급 [총획] 7획 [부수] 攵

[획순] 一 丅 工 攻 攻 攻

攻擊 공격

守

지킬 수

[난이도] 읽기 4급II 쓰기 3급II [총획] 6획 [부수] 宀

[획순] 丶 宀 宀 宁 守 守

守備 수비

戰

싸움 전

[난이도] 읽기 6급II 쓰기 5급II [총획] 16획 [부수] 戈

[획순] 吅 罒 單 單 戰 戰

戰爭 전쟁

伐

칠 벌

[난이도] 읽기 4급II 쓰기 3급II [총획] 6획 [부수] 亻

[획순] 丿 亻 仁 代 伐 伐

討伐 토벌

兵

병기 병

[난이도] 읽기 5급II 쓰기 4급II [총획] 7획 [부수] 八

[획순] 𠂆 斤 斤 丘 乒 兵

兵役 병역

刃

칼날 인

[난이도] 읽기 2급 쓰기 1급 [총획] 3획 [부수] 刀

[획순] 乛 刀 刃

刃器 인기

擊

칠 격

[난이도] 읽기 4급 쓰기 3급 [총획] 17획 [부수] 手

[획순] 𠃌 𠁣 𣪊 毄 擊 擊

擊退 격퇴

刺

찌를 척

[총획] 8획 [부수] 刂

[획순] 一 丆 市 朿 刺 刺

刺殺 척살

騎

말 탈 기

[난이도] 읽기 3급II 쓰기 2급 [총획] 18획 [부수] 馬

[획순] 𠂆 馬 馲 騎 騎 騎

騎兵 기병

乘

탈 승

[난이도] 읽기 3급II 쓰기 2급 [총획] 10획 [부수] 丿

[획순] 𠂊 千 乖 乘 乘 乘

乘馬 승마

馳

달릴 치

[난이도] 읽기 1급 쓰기 특급 [총획] 13획 [부수] 馬

[획순] 𠂆 馬 馬 馲 馳 馳

馳心 치심

突

냅다 돌

[난이도] 읽기 3급II 쓰기 2급 [총획] 9획 [부수] 穴

[획순] 宀 宂 穵 穾 突 突

突破 돌파

計

계교 계

[난이도] 읽기 6급II 쓰기 5급II [총획] 9획 [부수] 言

[획순] 亠 言 言 言 計 計

計劃 계획

謀

꾀 모

[난이도] 읽기 3급II 쓰기 2급 [총획] 16획 [부수] 言

[획순] 亠 言 訁 訁 謀 謀

謀反 모반

許

허락할 허

[난이도] 읽기 5급 쓰기 4급 [총획] 12획 [부수] 言

[획순] 亠 言 言 訁 訁 許

許可 허가

諾

허락할 락

[총획] 16획 [부수] 言

[획순] 亠 言 訁 訁 諾 諾

受諾 수락

告

고할 고

[난이도] 읽기 5급II 쓰기 4급II [총획] 7획 [부수] 口

[획순] 𠂉 牛 牛 告 告 告

警告 경고

戒

경계할 계

[난이도] 읽기 4급 쓰기 3급 [총획] 7획 [부수] 戈

[획순] 一 二 于 开 戒 戒

警戒 경계

詢

물을 순

[난이도] 읽기 특급II [총획] 13획 [부수] 言

[획순] 亠 言 言 訁 詢 詢

下詢 하순

訪

찾을 방

[난이도] 읽기 4급II 쓰기 3급II [총획] 11획 [부수] 言

[획순] 亠 言 言 訁 訪 訪

訪問 방문

兵	兵				
刃	刃				
擊	擊				
刺	刺				

騎	騎				
乘	乘				
馳	馳				
突	突				

計	計				
謀	謀				
許	許				
諾	諾				

告	告				
戒	戒				
詢	詢				
訪	訪				

謗
헐뜯을 방
[난이도] 읽기 1급 쓰기 특급 [총획] 17획 [부수] 言
[획순] 言 訁 訁 訁 訁 謗
誹謗 비방

訕
헐뜯을 산
[총획] 17획 [부수] 言
[획순] 亠 言 言 訁 訕 訕
誹訕 비산

譏
비웃을 기
[난이도] 읽기 1급 쓰기 특급 [총획] 19획 [부수] 言
[획순] 言 訁 訁 訁 譏 譏
譏謗 기방

嘲
비웃을 조
[난이도] 읽기 1급 쓰기 특급 [총획] 15획 [부수] 口
[획순] 口 口 口 嘲 嘲 嘲
嘲弄 조롱

叱
꾸짖을 질
[난이도] 읽기 1급 쓰기 특급 [총획] 5획 [부수] 口
[획순] 丨 П 口 叱 叱
叱咤 질타

罵
욕설할 매
[난이도] 읽기 1급 쓰기 특급 [총획] 15획 [부수] 罒
[획순] 冖 罒 罒 罒 罵 罵
罵倒 매도

欺
속일 기
[난이도] 읽기 3급 쓰기 2급 [총획] 12획 [부수] 欠
[획순] 一 廾 甘 其 欺 欺
欺瞞 기만

誑
속일 광
[난이도] 읽기 특급 [총획] 14획 [부수] 言
[획순] 言 訁 訁 訁 誑 誑
誑惑 광혹

疾
병 질
[난이도] 읽기 3급II 쓰기 2급 [총획] 10획 [부수] 疒
[획순] 广 疒 疒 疒 疾 疾
疾患 질환

病
병들 병
[난이도] 읽기 6급 쓰기 5급 [총획] 10획 [부수] 疒
[획순] 广 疒 疒 病 病 病
病院 병원

痛
아플 통
[난이도] 읽기 4급 쓰기 3급 [총획] 12획 [부수] 疒
[획순] 广 疒 疒 痛 痛 痛
痛哭 통곡

癢
가려울 양
[난이도] 읽기 1급 쓰기 특급 [총획] 20획 [부수] 疒
[획순] 广 疒 疒 疒 癢 癢
伎癢 기양

瘧
학질 학
[난이도] 읽기 1급 쓰기 특급 [총획] 14획 [부수] 疒
[획순] 广 疒 疒 疒 瘧 瘧
瘧疾 학질

癘
염병 려
[총획] 18획 [부수] 疒
[획순] 广 疒 疒 癘 癘 癘
癘氣 여기

痔
치질 치
[난이도] 읽기 1급 쓰기 특급 [총획] 11획 [부수] 疒
[획순] 广 疒 疒 疒 痔 痔
痔疾 치질

疸
황달 달
[난이도] 읽기 1급 쓰기 특급 [총획] 10획 [부수] 疒
[획순] 广 疒 疒 疸 疸 疸
黃疸 황달

癨
곽란 곽
[총획] 21획 [부수] 疒
[획순] 广 疒 疒 疒 疒 癨

癨亂 곽란

痢
설사 리
[난이도] 읽기 1급 쓰기 특급 [총획] 12획 [부수] 疒
[획순] 广 疒 疒 疒 疒 痢

痢疾 이질

疳
감병 감
[난이도] 읽기 1급 쓰기 특급 [총획] 10획 [부수] 疒
[획순] 广 疒 疒 疒 疒 疳

疳疾 감질

瘖
벙어리 음
[총획] 14획 [부수] 疒
[획순] 广 疒 疒 疒 疒 瘖

暴瘖 폭음

癎
간질 간
[난이도] 읽기 1급 쓰기 특급 [총획] 17획 [부수] 疒
[획순] 广 疒 疒 疒 疒 癎

癎疾 간질

癩
문둥이 라
[난이도] 읽기 1급 쓰기 특급 [총획] 21획 [부수] 疒
[획순] 疒 疒 疒 疒 疒 癩

癩病 나병

疔
헌데 정
[총획] 17획 [부수] 疒
[획순] 亠 广 广 疒 疒 疔

面疔 면정

疝
산증 산
[난이도] 읽기 1급 쓰기 특급 [총획] 8획 [부수] 疒
[획순] 广 疒 疒 疒 疝 疝

疝症 산증

痺
저릴 비
[난이도] 읽기 1급 쓰기 특급 [총획] 13획 [부수] 疒
[획순] 广 疒 疒 疒 疒 痺

痲痺 마비

痀
곱사등이 구
[총획] 10획 [부수] 疒
[획순] 广 疒 疒 疒 痀 痀

痀瘻 구루

腫
종기 종
[난이도] 읽기 1급 쓰기 특급 [총획] 13획 [부수] 月
[획순] 丿 月 月 月 月 腫

腫氣 종기

脹
부을 창
[난이도] 읽기 1급 쓰기 특급 [총획] 12획 [부수] 月
[획순] 丿 月 月 月 月 脹

膨脹 팽창

痰
가래 담
[난이도] 읽기 1급 쓰기 특급 [총획] 13획 [부수] 疒
[획순] 广 疒 疒 疒 疒 痰

祛痰 거담

嗽
기침 수
[난이도] 읽기 특급II [총획] 14획 [부수] 口
[획순] 口 口 口 口 口 嗽

咳嗽 해수

咳
기침 해
[난이도] 읽기 1급 쓰기 특급 [총획] 9획 [부수] 口
[획순] 口 口 口 口 口 咳

鎭咳 진해

喘
숨찰 천
[난이도] 읽기 1급 쓰기 특급 [총획] 12획 [부수] 口
[획순] 口 口 口 口 口 喘

喘息 천식

痘
역질 두
[난이도] 읽기 1급 쓰기 특급 [총획] 12획 [부수] 疒
[획순] 广 疒 疒 疘 痘 痘
天然痘 천연두

疹
홍역 진
[난이도] 읽기 1급 쓰기 특급 [총획] 10획 [부수] 疒
[획순] 广 疒 疒 疹 疹 疹
風疹 풍진

瘡
부스럼 창
[난이도] 읽기 1급 쓰기 특급 [총획] 15획 [부수] 疒
[획순] 广 疒 疒 瘡 瘡 瘡
痘瘡 두창

癰
악창 옹
[난이도] 읽기 특급II [총획] 23획 [부수] 疒
[획순] 疒 疒 疒 癰 癰 癰
腸癰 장옹

疣
혹 우
[총획] 9획 [부수] 疒
[획순] 广 疒 疒 疒 疣 疣
汗疣 한우

痣
사마귀 지
[총획] 12획 [부수] 疒
[획순] 广 疒 疒 疒 痣 痣
痣

疥
옴 개
[난이도] 읽기 특급II [총획] 9획 [부수] 疒
[획순] 广 疒 疒 疒 疥 疥
乾疥 건개

癬
버짐 선
[난이도] 읽기 특급II [총획] 22획 [부수] 疒
[획순] 疒 疒 疒 癬 癬 癬
乾癬 건선

婚
며느리집 혼
[난이도] 읽기 4급 쓰기 3급 [총획] 11획 [부수] 女
[획순] 女 女 女 婚 婚 婚
婚姻 혼인

姻
사위집 인
[난이도] 읽기 3급 쓰기 2급 [총획] 9획 [부수] 女
[획순] 女 女 如 姻 姻 姻
姻戚 인척

嫁
시집갈 가
[난이도] 읽기 1급 쓰기 특급 [총획] 13획 [부수] 女
[획순] 女 女 女 嫁 嫁 嫁
嫁期 가기

娶
장가들 취
[난이도] 읽기 1급 쓰기 특급 [총획] 11획 [부수] 女
[획순] 耳 耳 取 取 娶 娶
嫁娶 가취

胎
태 태
[난이도] 읽기 2급 쓰기 1급 [총획] 9획 [부수] 月
[획순] 月 月 肚 胎 胎 胎
奪胎 탈태

孕
아이 밸 잉
[난이도] 읽기 1급 쓰기 특급 [총획] 5획 [부수] 子
[획순] 丿 乃 孕 孕 孕
孕胎 잉태

産
해산할 산
[난이도] 읽기 5급II 쓰기 4급II [총획] 11획 [부수] 生
[획순] 亠 产 产 産 産 産
出産 출산

育
기를 육
[난이도] 읽기 7급 쓰기 6급 [총획] 8획 [부수] 月
[획순] 亠 云 育 育 育 育
育兒 육아

葬

장사 지낼 장

[난이도] 읽기 3급II 쓰기 2급 [총획] 13획 [부수] 艹
[획순] 艹 茾 茾 葬 葬 葬

葬禮 장례

埋

묻을 매

[난이도] 읽기 3급 쓰기 2급 [총획] 10획 [부수] 土
[획순] 十 土 坦 坦 坦 埋

埋葬 매장

祭

제사 제

[난이도] 읽기 4급II 쓰기 3급II [총획] 11획 [부수] 示
[획순] 夕 夕 夕 癶 祭 祭

祭祀 제사

祀

제사 사

[난이도] 읽기 3급II 쓰기 2급 [총획] 8획 [부수] 示
[획순] 二 亍 礻 礻 祀 祀

合祀 합사

餞

전별할 전

[난이도] 읽기 1급 쓰기 특급 [총획] 17획 [부수] 飠
[획순] 亼 飠 飠 餞 餞 餞

餞別 전별

饗

잔치할 향

[난이도] 읽기 1급 쓰기 특급 [총획] 22획 [부수] 食
[획순] 乡 乡 鄉 鄉 饗 饗

饗宴 향연

宴

잔치 연

[난이도] 읽기 3급II 쓰기 2급 [총획] 10획 [부수] 宀
[획순] 宀 宀 宀 宴 宴 宴

宴會 연회

樂

풍류 악

[총획] 15획 [부수] 木
[획순] 幺 幺 幺 樂 樂 樂

樂曲 악곡

探

더듬을 탐

[난이도] 읽기 4급 쓰기 3급 [총획] 11획 [부수] 扌
[획순] 扌 扩 护 挥 探 探

探究 탐구

摘

딸 적

[난이도] 읽기 3급II 쓰기 2급 [총획] 14획 [부수] 扌
[획순] 扌 扩 护 摘 摘 摘

摘發 적발

擁

안을 옹

[난이도] 읽기 3급 쓰기 2급 [총획] 16획 [부수] 扌
[획순] 扌 扩 扩 扩 擁 擁

擁護 옹호

挾

낄 협

[난이도] 읽기 1급 쓰기 특급 [총획] 10획 [부수] 扌
[획순] 扌 扌 扩 扶 挾 挾

挾攻 협공

招

부를 초

[난이도] 읽기 4급 쓰기 3급 [총획] 8획 [부수] 扌
[획순] 扌 扣 扣 招 招 招

招待 초대

搖

흔들 요

[난이도] 읽기 3급 쓰기 2급 [총획] 13획 [부수] 扌
[획순] 扌 扩 护 搖 搖 搖

動搖 동요

掩

가릴 엄

[난이도] 읽기 1급 쓰기 특급 [총획] 11획 [부수] 扌
[획순] 扌 扩 拦 掩 掩 掩

掩蔽 엄폐

揮

떨칠 휘

[난이도] 읽기 4급 쓰기 3급 [총획] 12획 [부수] 扌
[획순] 扌 扩 护 揮 揮 揮

發揮 발휘

披 헤칠 피
[난이도] 읽기 1급 쓰기 특급 [총획] 8획 [부수] 扌
[획순] 扌 扌 扌 扩 扩 披
披瀝 피력

捲 거둘 권
[난이도] 읽기 1급 쓰기 특급 [총획] 11획 [부수] 扌
[획순] 扌 扌 扌 拦 拳 捲
席捲 석권

投 던질 투
[난이도] 읽기 4급 쓰기 3급 [총획] 7획 [부수] 扌
[획순] 亅 扌 扌 扌 扨 投
投票 투표

擲 던질 척
[난이도] 읽기 1급 쓰기 특급 [총획] 18획 [부수] 扌
[획순] 扌 扌 扌 挡 擲 擲
擲殺 척살

拘 거리낄 구
[난이도] 읽기 3급II 쓰기 2급 [총획] 8획 [부수] 扌
[획순] 扌 扌 扚 拘 拘 拘
拘禁 구금

攣 얽매일 련
[난이도] 읽기 특급II [총획] 23획 [부수] 手
[획순] 纟 絲 絲 攣 攣 攣
痙攣 경련

掛 걸 괘
[난이도] 읽기 3급 쓰기 2급 [총획] 11획 [부수] 扌
[획순] 扌 扌 扌 挂 挂 掛
掛鐘 괘종

垂 드리울 수
[난이도] 읽기 3급II 쓰기 2급 [총획] 8획 [부수] 土
[획순] 一 三 千 垂 垂 垂
垂直 수직

跬 반걸음 규
[총획] 13획 [부수] 足
[획순] 口 𧾷 跸 跬 跬 跬
跬步 규보

步 걸음 보
[난이도] 읽기 4급II 쓰기 3급II [총획] 7획 [부수] 止
[획순] 卜 ᅡ 止 步 步 步
步道 보도

蹤 발자취 종
[난이도] 읽기 특급 [총획] 18획 [부수] 足
[획순] 口 𧾷 跗 蹤 蹤 蹤
追蹤 추종

迹 자취 적
[난이도] 읽기 1급 쓰기 특급 [총획] 10획 [부수] 辶
[획순] 亠 亣 亦 亦 迹 迹
痕迹 흔적

踊 뛸 용
[난이도] 읽기 1급 쓰기 특급 [총획] 14획 [부수] 足
[획순] 口 𧾷 跃 踊 踊 踊
舞踊 무용

躍 뛸 약
[난이도] 읽기 3급 쓰기 2급 [총획] 21획 [부수] 足
[획순] 口 𧾷 跙 躍 躍 躍
跳躍 도약

踐 밟을 천
[난이도] 읽기 3급II 쓰기 2급 [총획] 15획 [부수] 足
[획순] 口 𧾷 跷 踐 踐 踐
實踐 실천

蹋 밟을 답
[총획] 17획 [부수] 足
[획순] 口 𧾷 跙 蹋 蹋 蹋
蹋鞠 답국

超
뛰어날 초
[난이도] 읽기 3급II 쓰기 2급 [총획] 12획 [부수] 走
[획순] 土 丰 走 起 超 超
超過 초과

越
넘을 월
[난이도] 읽기 3급II 쓰기 2급 [총획] 12획 [부수] 走
[획순] 土 丰 走 赵 越 越
越權 월권

蹲
쭈그릴 준
[난이도] 읽기 특급 [총획] 19획 [부수] 足
[획순] 口 𧾷 𧿹 蹲 蹲 蹲
蹲止 준지

踞
걸어앉을 거
[난이도] 읽기 특급II [총획] 15획 [부수] 足
[획순] 口 𧾷 𧿹 跁 踞 踞
盤踞 반거

跛
절 파
[난이도] 읽기 1급 쓰기 특급 [총획] 12획 [부수] 足
[획순] 口 𧾷 跗 跛 跛 跛
跛行 파행

蹇
절 건
[난이도] 읽기 특급II [총획] 17획 [부수] 足
[획순] 宀 寒 寒 蹇 蹇 蹇
剛蹇 강건

蹶
넘어질 궐
[난이도] 읽기 1급 쓰기 특급 [총획] 19획 [부수] 足
[획순] 口 𧾷 𧿹 蹶 蹶 蹶
蹶起 궐기

跲
엎어질 겁
[난이도] 읽기 특급 [총획] 13획 [부수] 足
[획순] 口 𧾷 𧿹 跲 跲 跲

坐
앉을 좌
[난이도] 읽기 3급II 쓰기 2급 [총획] 7획 [부수] 土
[획순] 丿 人 从 坐 坐 坐
坐礁 좌초

臥
누울 와
[난이도] 읽기 3급 쓰기 2급 [총획] 8획 [부수] 臣
[획순] 厂 厂 严 臣 臥 臥
臥龍 와룡

起
일어날 기
[난이도] 읽기 4급II 쓰기 3급II [총획] 10획 [부수] 走
[획순] 土 丰 走 起 起 起
起源 기원

居
거할 거
[난이도] 읽기 4급 쓰기 3급 [총획] 8획 [부수] 尸
[획순] 尸 尸 尸 居 居 居
居住 거주

倚
의지할 의
[난이도] 읽기 특급II [총획] 10획 [부수] 亻
[획순] 亻 仁 仾 倚 倚 倚
偏倚 편의

伏
엎드릴 복
[난이도] 읽기 4급 쓰기 3급 [총획] 6획 [부수] 亻
[획순] 丿 亻 仁 什 伏 伏
伏線 복선

跪
꿇어앉을 궤
[난이도] 읽기 특급 [총획] 13획 [부수] 足
[획순] 口 𧾷 跘 跪 跪 跪
跪伏 궤복

立
설 립
[난이도] 읽기 7급II 쓰기 6급 [총획] 5획 [부수] 立
[획순] 丶 亠 立 立 立
樹立 수립

傎 엎어질 **전**
[총획] 12획 [부수] 亻
[획순] 亻 伫 佔 佮 傎 傎

倒 거꾸러질 **도**
[난이도] 읽기 3급II 쓰기 2급 [총획] 10획 [부수] 亻
[획순] 亻 仠 侄 侄 倒 倒
倒着 도착

進 나아갈 **진**
[난이도] 읽기 4급II 쓰기 3급II [총획] 12획 [부수] 辶
[획순] 亻 仁 仹 隹 淮 進
進步 진보

退 물러날 **퇴**
[난이도] 읽기 4급II 쓰기 3급II [총획] 10획 [부수] 辶
[획순] ㄱ ㅋ 㠯 艮 ⻌艮 退
退陣 퇴진

趨 추창할 **추**
[난이도] 읽기 2급 쓰기 1급 [총획] 17획 [부수] 走
[획순] 土 走 赹 趍 趨 趨
趨勢 추세

走 달아날 **주**
[난이도] 읽기 4급II 쓰기 3급II [총획] 7획 [부수] 走
[획순] 十 土 丰 丰 走 走
走者 주자

拜 절 **배**
[난이도] 읽기 4급II 쓰기 3급II [총획] 9획 [부수] 手
[획순] 二 三 手 手 拝 拜
歲拜 세배

揖 읍할 **읍**
[난이도] 읽기 1급 쓰기 특급 [총획] 12획 [부수] 扌
[획순] 扌 扣 担 揖 揖 揖
揖禮 읍례

言 말씀 **언**
[난이도] 읽기 6급 쓰기 5급 [총획] 7획 [부수] 言
[획순] 亠 二 三 言 言 言
言動 언동

語 말씀 **어**
[난이도] 읽기 7급 쓰기 6급 [총획] 14획 [부수] 言
[획순] 言 言 訂 語 語 語
語法 어법

問 물을 **문**
[난이도] 읽기 7급 쓰기 6급 [총획] 11획 [부수] 口
[획순] 𠃍 門 門 門 問 問
問責 문책

答 대답할 **답**
[난이도] 읽기 7급II 쓰기 6급 [총획] 12획 [부수] 竹
[획순] 𥫗 竺 笁 笞 答 答
答案 답안

論 의론할 **론**
[난이도] 읽기 4급II 쓰기 3급II [총획] 15획 [부수] 言
[획순] 言 言 訡 訡 論 論
決論 결론

議 의론할 **의**
[난이도] 읽기 4급II 쓰기 3급II [총획] 20획 [부수] 言
[획순] 言 言 訁 詳 議 議
論議 논의

談 말씀할 **담**
[난이도] 읽기 5급 쓰기 4급 [총획] 15획 [부수] 言
[획순] 言 言 訁 詃 談 談
談論 담론

說 말씀할 **설**
[난이도] 읽기 5급II 쓰기 4급II [총획] 14획 [부수] 言
[획순] 言 言 訁 訃 說 說
說話 설화

教 가르칠 **교**
[난이도] 읽기 8급 쓰기 6급II [총획] 11획 [부수] 攵
[획순] ⺈ 乡 孝 孝 孝 教
敎育 교육

誘 달랠 **유**
[난이도] 읽기 3급II 쓰기 2급 [총획] 14획 [부수] 言
[획순] ⺀ 言 訁 訡 誘 誘
誘致 유치

訓 가르칠 **훈**
[난이도] 읽기 6급 쓰기 5급 [총획] 10획 [부수] 言
[획순] 二 亖 言 訁 訓 訓
敎訓 교훈

誨 가르칠 **회**
[난이도] 읽기 1급 쓰기 특급 [총획] 14획 [부수] 言
[획순] ⺀ 言 訁 訡 誨 誨
誨諭 회유

召 부를 **소**
[난이도] 읽기 3급 쓰기 2급 [총획] 5획 [부수] 口
[획순] 乛 刀 刀 召 召
召喚 소환

呼 부를 **호**
[난이도] 읽기 4급II 쓰기 3급II [총획] 8획 [부수] 口
[획순] 口 口 叩 叩 呼 呼
呼訴 호소

請 청할 **청**
[난이도] 읽기 4급II 쓰기 3급II [총획] 15획 [부수] 言
[획순] ⺀ 言 訁 訁 請 請
請託 청탁

謁 뵐 **알**
[난이도] 읽기 급 쓰기 급 [총획] 획 [부수] 言
[획순] ⺀ 言 訁 訁 謁 謁
謁見 알현

慶 경사 **경**
[난이도] 읽기 4급II 쓰기 3급II [총획] 15획 [부수] 心
[획순] 广 户 声 声 㢈 慶
慶事 경사

弔 조상할 **조**
[난이도] 읽기 3급 쓰기 2급 [총획] 4획 [부수] 弓
[획순] 乛 コ 弓 弔
弔意 조의

賀 하례할 **하**
[난이도] 읽기 3급II 쓰기 2급 [총획] 12획 [부수] 貝
[획순] 力 加 加 賀 賀 賀
賀客 하객

慰 위로할 **위**
[난이도] 읽기 4급 쓰기 3급 [총획] 15획 [부수] 心
[획순] 尸 尸 尉 尉 慰 慰
慰勞 위로

會 모일 **회**
[난이도] 읽기 6급II 쓰기 5급II [총획] 13획 [부수] 日
[획순] 𠆢 亼 佘 侌 會 會
會議 회의

遇 만날 **우**
[난이도] 읽기 4급 쓰기 3급 [총획] 13획 [부수] 辶
[획순] 冂 日 月 禺 遇 遇
境遇 경우

盟 맹세할 **맹**
[난이도] 읽기 3급II 쓰기 2급 [총획] 13획 [부수] 皿
[획순] 日 日 明 明 明 盟
盟誓 맹세

約 언약할 **약**
[난이도] 읽기 5급II 쓰기 4급II [총획] 9획 [부수] 糸
[획순] 幺 糸 糸 糹 約 約
約束 약속

灑
물 뿌릴 쇄

[난이도] 읽기 1급 쓰기 특급 [총획] 22획 [부수] 氵

[획순] 氵 氵 氵 氵 灑 灑

灑灑 소쇄

埽
쓸 소

[난이도] 읽기 특급 [총획] 11획 [부수] 土

[획순] 十 扌 扫 埽 埽 埽

應
응할 응

[난이도] 읽기 4급II 쓰기 3급II [총획] 17획 [부수] 心

[획순] 广 疒 府 雁 應 應

應答 응답

對
대답할 대

[난이도] 읽기 6급II 쓰기 5급II [총획] 14획 [부수] 寸

[획순] 业 业 丵 丵 對 對

相對 상대

盥
손 씻을 관

[난이도] 읽기 특급 [총획] 16획 [부수] 皿

[획순] 丨 水 𦥑 𦥑 盥 盥

盥水 관수

漱
양치질할 수

[난이도] 읽기 특급II [총획] 14획 [부수] 氵

[획순] 丶 氵 氵 涑 漱 漱

養漱 양수

沐
머리 감을 목

[난이도] 읽기 2급 쓰기 1급 [총획] 7획 [부수] 氵

[획순] 丶 氵 汁 汁 沐 沐

沐浴 목욕

浴
몸 씻을 욕

[난이도] 읽기 5급 쓰기 4급 [총획] 10획 [부수] 氵

[획순] 丶 氵 氵 浴 浴 浴

浴室 욕실

農
농사 농

[난이도] 읽기 7급II 쓰기 6급 [총획] 13획 [부수] 辰

[획순] 曲 曲 農 農 農 農

農民 농민

賈
장사 고

[총획] 13획 [부수] 貝

[획순] 一 覀 覀 賈 賈 賈

賈豎 고수

匠
장인 장

[난이도] 읽기 1급 쓰기 특급 [총획] 6획 [부수] 匚

[획순] 一 丆 𠂆 斤 斤 匠

工匠 공장

冶
쇠 불릴 야

[난이도] 읽기 1급 쓰기 특급 [총획] 7획 [부수] 冫

[획순] 冫 冶 冶 冶 冶 冶

冶金 야금

漁
고기 잡을 어

[난이도] 읽기 5급 쓰기 4급 [총획] 14획 [부수] 氵

[획순] 丶 氵 氵 汋 漁 漁

漁夫 어부

釣
낚시 조

[난이도] 읽기 2급 쓰기 1급 [총획] 11획 [부수] 金

[획순] 人 亼 今 金 釣 釣

釣臺 조대

畋
사냥할 전

[난이도] 읽기 특급 [총획] 9획 [부수] 攵

[획순] 冂 冂 田 畋 畋 畋

畋獵 전렵

獵
사냥할 렵

[난이도] 읽기 3급 쓰기 2급 [총획] 18획 [부수] 犭

[획순] 犭 犭 獵 獵 獵 獵

狩獵 수렵

稼
곡식 심을 가
[난이도] 읽기 1급 쓰기 특급 [총획] 15획 [부수] 禾
[획순] 千 禾 秆 秄 稼 稼
稼動 가동

穡
곡식 거둘 색
[난이도] 읽기 특급II [총획] 18획 [부수] 禾
[획순] 禾 秄 秿 穡 穡 穡
稼穡 가색

耕
밭 갈 경
[난이도] 읽기 3급II 쓰기 2급 [총획] 10획 [부수] 耒
[획순] 三 丰 耒 耓 耕 耕
耕作 경작

種
심을 종
[난이도] 읽기 5급II 쓰기 4급II [총획] 14획 [부수] 禾
[획순] 千 禾 秆 秱 種 種
種子 종자

耘
김맬 운
[난이도] 읽기 1급 쓰기 특급 [총획] 10획 [부수] 耒
[획순] 三 丰 耒 耓 耘 耘
耕耘 경운

穫
곡식 벨 확
[난이도] 읽기 3급 쓰기 2급 [총획] 19획 [부수] 禾
[획순] 千 禾 秆 秿 穫 穫
收穫 수확

樵
나무할 초
[난이도] 읽기 1급 쓰기 특급 [총획] 16획 [부수] 木
[획순] 十 木 杧 椎 樵 樵
樵牧 초목

汲
물 길을 급
[난이도] 읽기 1급 쓰기 특급 [총획] 7획 [부수] 氵
[획순] 丶 氵 汄 汲 汲 汲
汲汲 급급

賣
팔 매
[난이도] 읽기 5급 쓰기 4급 [총획] 15획 [부수] 貝
[획순] 声 声 声 青 賣 賣
賣却 매각

買
살 매
[난이도] 읽기 5급 쓰기 4급 [총획] 12획 [부수] 貝
[획순] 冖 罒 罒 冐 買 買
買售 매수

賒
외상 사
[총획] 14획 [부수] 貝
[획순] 冂 目 貝 貝 賒 賒
賒

貸
꿀 대
[난이도] 읽기 3급II 쓰기 2급 [총획] 12획 [부수] 貝
[획순] 亻 仁 代 侼 貸 貸
貸出 대출

貿
무역할 무
[난이도] 읽기 3급II 쓰기 2급 [총획] 12획 [부수] 貝
[획순] 匚 卯 卯 貿 貿 貿
貿易 무역

販
장사할 판
[난이도] 읽기 3급 쓰기 2급 [총획] 11획 [부수] 貝
[획순] 冂 目 貝 貶 販 販
販賣 판매

賭
내기할 도
[난이도] 읽기 1급 쓰기 특급 [총획] 16획 [부수] 貝
[획순] 冂 目 貝 賭 賭 賭
賭博 도박

贖
속죄할 속
[난이도] 읽기 1급 쓰기 특급 [총획] 22획 [부수] 貝
[획순] 目 貝 貝 贖 贖 贖
贖罪 속죄

鑄

부어 만들 주

[난이도] 읽기 3급II 쓰기 2급 [총획] 22획 [부수] 金

[획순] 釒 鉒 鋳 鑄 鑄 鑄

鑄物 주물

鍊

쇠 불릴 련

[난이도] 읽기 3급II 쓰기 2급 [총획] 17획 [부수] 金

[획순] 𠆢 釒 釘 鉮 鍊 鍊

鍛鍊 단련

斲

깎을 착

[난이도] 읽기 특급 [총획] 14획 [부수] 斤

[획순] ㄱ 𠃌 𠀠 豆 斲 斲

剖

쪼갤 부

[난이도] 읽기 1급 쓰기 특급 [총획] 10획 [부수] 刂

[획순] 亠 立 咅 咅 剖 剖

解剖 해부

採

딸 채

[난이도] 읽기 4급 쓰기 3급 [총획] 11획 [부수] 扌

[획순] 扌 扌 扩 扸 採 採

採擇 채택

拔

뺄 발

[난이도] 읽기 3급II 쓰기 2급 [총획] 8획 [부수] 扌

[획순] 扌 扌 扩 扴 拔 拔

拔萃 발췌

捕

잡을 포

[난이도] 읽기 3급II 쓰기 2급 [총획] 10획 [부수] 扌

[획순] 扌 扌 扩 捕 捕 捕

逮捕 체포

捉

잡을 착

[난이도] 읽기 3급 쓰기 2급 [총획] 10획 [부수] 扌

[획순] 扌 扌 扣 押 捉 捉

捕捉 포착

紡

길쌈 방

[난이도] 읽기 2급 쓰기 1급 [총획] 10획 [부수] 糸

[획순] 幺 糸 糸 紡 紡 紡

紡織 방직

織

짤 직

[난이도] 읽기 4급 쓰기 3급 [총획] 18획 [부수] 糸

[획순] 幺 糸 紵 緕 織 織

織物 직물

繅

고치 켤 소

[난이도] 읽기 급 쓰기 급 [총획] 획 [부수] 糸

[획순] 幺 糸 糸 繅 繅 繅

繅出 소출

染

물들일 염

[난이도] 읽기 3급II 쓰기 2급 [총획] 9획 [부수] 木

[획순] 氵 氿 氿 氿 染 染

染色 염색

澣

빨 한

[난이도] 읽기 1급 쓰기 특급 [총획] 16획 [부수] 氵

[획순] 氵 氵 沖 漳 澣 澣

澣衣 한의

濯

씻을 탁

[난이도] 읽기 3급 쓰기 2급 [총획] 17획 [부수] 氵

[획순] 氵 氵 汈 濯 濯 濯

洗濯 세탁

製

옷 지을 제

[난이도] 읽기 4급II 쓰기 3급II [총획] 14획 [부수] 衣

[획순] 𠂉 伟 制 製 製 製

製紙 제지

裁

옷 마를 재

[난이도] 읽기 3급II 쓰기 2급 [총획] 12획 [부수] 衣

[획순] 十 土 𢦏 裁 裁 裁

裁斷 재단

舂 찧을 용
[총획] 11획 [부수] 臼
[획순] 三 声 夫 春 舂 舂
舂杵 용저

簸 까부를 파
[난이도] 읽기 특급 [총획] 19획 [부수] 竹
[획순] ⺮ ⺮⺮ 笊 箕 節 簸
劫簸 겁파

淅 쌀 일 석
[난이도] 읽기 특급II [총획] 11획 [부수] 氵
[획순] 氵 氵 汁 汫 淅 淅
淅瀝 석력

漉 거를 록
[총획] 14획 [부수] 氵
[획순] 氵 氵 沪 浐 漉 漉
漉科 녹과

烹 삶을 팽
[난이도] 읽기 특급II [총획] 11획 [부수] 灬
[획순] 亠 亠 亨 亨 亨 烹
烹卵 팽란

飪 익힐 임
[총획] 13획 [부수] 食
[획순] 𠆢 今 食 飣 飪 飪
烹飪 팽임

蒸 찔 증
[난이도] 읽기 3급II 쓰기 2급 [총획] 14획 [부수] 艹
[획순] 艹 芓 芓 荥 蒸 蒸
蒸發 증발

炊 밥 지을 취
[난이도] 읽기 2급 쓰기 1급 [총획] 8획 [부수] 火
[획순] 丷 火 火 炒 炊 炊
自炊 자취

財 재물 재
[난이도] 읽기 5급II 쓰기 4급II [총획] 10획 [부수] 貝
[획순] 冂 目 貝 貝 財 財
財産 재산

貨 재물 화
[난이도] 읽기 4급II 쓰기 3급II [총획] 11획 [부수] 貝
[획순] 亻 化 化 化 貨 貨
貨幣 화폐

賦 부세 부
[난이도] 읽기 3급II 쓰기 2급 [총획] 15획 [부수] 貝
[획순] 冂 目 貝 貯 賦 賦
割賦 할부

稅 부세 세
[난이도] 읽기 4급II 쓰기 3급II [총획] 12획 [부수] 禾
[획순] 千 禾 秒 秒 稅 稅
稅金 세금

債 빚질 채
[난이도] 읽기 3급II 쓰기 2급 [총획] 13획 [부수] 亻
[획순] 亻 仁 佳 倩 債 債
債務 채무

價 값 가
[난이도] 읽기 5급II 쓰기 4급II [총획] 15획 [부수] 亻
[획순] 亻 仁 価 價 價 價
價値 가치

傭 품 팔 용
[난이도] 읽기 2급 쓰기 1급 [총획] 13획 [부수] 亻
[획순] 亻 仁 傌 傭 傭 傭
傭兵 용병

雇 품 팔 고
[난이도] 읽기 2급 쓰기 1급 [총획] 12획 [부수] 隹
[획순] 一 ヨ 戶 戸 屏 雇
雇用 고용

負 질 부
[난이도] 읽기 4급 쓰기 3급 [총획] 9획 [부수] 貝
[획순] ⺈ … 負
負擔 부담

戴 일 대
[난이도] 읽기 2급 쓰기 1급 [총획] 17획 [부수] 戈
[획순] … 戴
推戴 추대

轉 구를 전
[난이도] 읽기 4급 쓰기 3급 [총획] 18획 [부수] 車
[획순] 亘 車 … 轉
轉換 전환

運 운전할 운
[난이도] 읽기 6급II 쓰기 5급II [총획] 13획 [부수] 辶
[획순] 冖 冝 軍 … 運
運轉 운전

辨 분별할 변
[난이도] 읽기 3급 쓰기 2급 [총획] 16획 [부수] 辛
[획순] 立 辛 … 辨
辨別力 변별력

訟 송사할 송
[난이도] 읽기 3급II 쓰기 2급 [총획] 11획 [부수] 言
[획순] 言 訁 訟 訟
訟事 송사

券 문서 권
[난이도] 읽기 4급 쓰기 3급 [총획] 8획 [부수] 刀
[획순] 丷 龹 … 券 券
證券 증권

簿 치부 부
[난이도] 읽기 3급II 쓰기 2급 [총획] 19획 [부수] 竹
[획순] ⺮ … 簿
置簿 치부

爵 작위 작
[난이도] 읽기 3급 쓰기 2급 [총획] 18획 [부수] 爪
[획순] … 爵
爵位 작위

祿 녹봉 록
[난이도] 읽기 3급II 쓰기 2급 [총획] 13획 [부수] 示
[획순] 礻 … 祿
國祿 국록

官 벼슬 관
[난이도] 읽기 4급II 쓰기 3급II [총획] 8획 [부수] 宀
[획순] 宀 … 官 官
官職 관직

位 자리 위
[난이도] 읽기 5급 쓰기 4급 [총획] 7획 [부수] 亻
[획순] 亻 仁 … 位
位置 위치

法 법 법
[난이도] 읽기 5급II 쓰기 4급II [총획] 8획 [부수] 氵
[획순] 氵 汁 注 法
法律 법률

度 법도 도
[난이도] 읽기 6급 쓰기 5급 [총획] 9획 [부수] 广
[획순] 广 庐 … 度 度
態度 태도

刑 형벌 형
[난이도] 읽기 4급 쓰기 3급 [총획] 6획 [부수] 刂
[획순] 一 二 于 开 刑 刑
刑事 형사

政 정사 정
[난이도] 읽기 4급II 쓰기 3급II [총획] 9획 [부수] 攵
[획순] 丅 正 … 政 政
國政 국정

權

권세 권

[난이도] 읽기 4급II 쓰기 3급II [총획] 22획 [부수] 木

[획순] 朩 栣 栣 橗 權 權

權力 권력

威

위엄 위

[난이도] 읽기 4급 쓰기 3급 [총획] 9획 [부수] 女

[획순] 厂 厂 反 反 威 威

威嚴 위엄

勢

형세 세

[난이도] 읽기 4급II 쓰기 3급II [총획] 13획 [부수] 力

[획순] 夫 坴 埶 埶 勢 勢

運勢 운세

力

힘 력

[난이도] 읽기 7급II 쓰기 6급 [총획] 2획 [부수] 力

[획순] 刁 力

努力 노력

制

지을 제

[난이도] 읽기 4급II 쓰기 3급II [총획] 8획 [부수] 刂

[획순] 𠂉 𠂒 台 㠯 制 制

牽制 견제

作

지을 작

[난이도] 읽기 6급II 쓰기 5급II [총획] 7획 [부수] 亻

[획순] 亻 亻 作 作 作 作

作業 작업

命

목숨 명

[난이도] 읽기 7급 쓰기 6급 [총획] 8획 [부수] 口

[획순] 𠆢 亼 合 合 命 命

運命 운명

令

하여금 령

[난이도] 읽기 5급 쓰기 4급 [총획] 5획 [부수] 人

[획순] 丿 𠆢 亼 今 令

命令 명령

姓

성 성

[난이도] 읽기 7급II 쓰기 6급 [총획] 8획 [부수] 女

[획순] 女 女 女 奸 姓 姓

姓名 성명

氏

성씨 씨

[난이도] 읽기 4급 쓰기 3급 [총획] 4획 [부수] 氏

[획순] 一 匚 氏 氏

姓氏 성씨

名

이름 명

[난이도] 읽기 7급II 쓰기 6급 [총획] 6획 [부수] 口

[획순] 丿 ク 夕 夕 名 名

有名 유명

號

이름 호

[난이도] 읽기 6급 쓰기 5급 [총획] 13획 [부수] 虍

[획순] 口 号 号 号 號 號

號令 호령

倫

차례 륜

[난이도] 읽기 3급II 쓰기 2급 [총획] 10획 [부수] 亻

[획순] 亻 伶 伶 倫 倫 倫

人倫 인륜

序

차례 서

[난이도] 읽기 5급 쓰기 4급 [총획] 7획 [부수] 广

[획순] 亠 广 户 庐 序 序

序文 서문

班

반열 반

[난이도] 읽기 6급II 쓰기 5급II [총획] 10획 [부수] 王

[획순] 王 王 玔 班 班 班

班列 반열

列

벌일 열

[총획] 6획 [부수] 刂

[획순] 一 厂 歹 歹 列 列

隊列 대열

功
공 **공**
[난이도] 읽기 6급II 쓰기 5급II [총획] 5획 [부수] 力
[획순] 一 丅 工 玎 功
功勞 공로

罪
죄 **죄**
[난이도] 읽기 5급 쓰기 4급 [총획] 13획 [부수] 罒
[획순] 冖 罒 罗 罪 罪 罪
罪囚 죄수

黜
내칠 **출**
[난이도] 읽기 1급 쓰기 특급 [총획] 17획 [부수] 黑
[획순] 甲 里 黑 黗 黜 黜
黜黨 출당

陟
올릴 **척**
[난이도] 쓰기 특급II [총획] 10획 [부수] 阝
[획순] 阝 阝 阝 陟 陟 陟
進陟 진척

寵
총애할 **총**
[난이도] 읽기 1급 쓰기 특급 [총획] 19획 [부수] 宀
[획순] 宀 宀 宀 寵 寵 寵
寵愛 총애

辱
욕될 **욕**
[난이도] 읽기 3급II 쓰기 2급 [총획] 10획 [부수] 辰
[획순] 厂 尸 尸 辰 辰 辱
辱說 욕설

賞
상줄 **상**
[난이도] 읽기 5급 쓰기 4급 [총획] 15획 [부수] 貝
[획순] 丷 尚 尚 賞 賞 賞
受賞 수상

罰
벌줄 **벌**
[난이도] 읽기 4급II 쓰기 3급II [총획] 14획 [부수] 罒
[획순] 冖 罒 罒 罰 罰 罰
罰金 벌금

人
사람 **인**
[난이도] 읽기 8급 쓰기 6급II [총획] 2획 [부수] 人
[획순] 丿 人
人物 인물

物
만물 **물**
[난이도] 읽기 7급II 쓰기 6급 [총획] 8획 [부수] 牛
[획순] 丿 𠂉 牛 牜 物 物
物件 물건

性
성품 **성**
[난이도] 읽기 5급II 쓰기 4급II [총획] 8획 [부수] 忄
[획순] 丶 忄 忄 忤 性 性
性格 성격

情
뜻 **정**
[난이도] 읽기 5급II 쓰기 4급II [총획] 11획 [부수] 忄
[획순] 丶 忄 忄 情 情 情
情緖 정서

古
예 **고**
[난이도] 읽기 6급 쓰기 5급 [총획] 5획 [부수] 口
[획순] 一 十 古 古 古
古代 고대

今
이제 **금**
[난이도] 읽기 6급II 쓰기 5급II [총획] 4획 [부수] 人
[획순] 丿 人 亼 今
昨今 작금

事
일 **사**
[난이도] 읽기 7급II 쓰기 6급 [총획] 8획 [부수] 亅
[획순] 一 亓 亓 亊 事 事
事實 사실

理
이치 **리**
[난이도] 읽기 6급II 쓰기 5급II [총획] 11획 [부수] 王
[획순] 丅 王 玎 理 理 理
原理 원리

治
다스릴 치
[난이도] 읽기 4급II 쓰기 3급II [총획] 8획 [부수] 氵
[획순] 丶 氵 氵 汁 汁 治 治
統治 통치

亂
어지러울 란
[난이도] 읽기 4급 쓰기 3급 [총획] 13획 [부수] 乙
[획순] 爫 爫 𠕁 𤔔 𤔔 亂
搖亂 요란

得
얻을 득
[난이도] 읽기 4급II 쓰기 3급II [총획] 11획 [부수] 彳
[획순] 彳 彳 彳 𢔶 𢔶 得
所得 소득

失
잃을 실
[난이도] 읽기 6급 쓰기 5급 [총획] 5획 [부수] 大
[획순] ノ 𠂉 𠂉 生 失
失敗 실패

可
옳을 가
[난이도] 읽기 5급 쓰기 4급 [총획] 5획 [부수] 口
[획순] 一 丁 丆 可 可
可能性 가능성

否
그를 부
[난이도] 읽기 4급 쓰기 3급 [총획] 7획 [부수] 口
[획순] 一 丆 不 不 否 否
拒否 거부

成
이룰 성
[난이도] 읽기 6급II 쓰기 5급II [총획] 7획 [부수] 戈
[획순] 一 厂 厂 厅 成 成
構成 구성

毁
헐 훼
[난이도] 읽기 3급 쓰기 2급 [총획] 13획 [부수] 殳
[획순] 白 臼 𦥑 𣪊 毁 毁
毁損 훼손

生
낳을 생
[난이도] 읽기 8급 쓰기 6급II [총획] 5획 [부수] 生
[획순] ノ 𠂉 𠂉 牛 生
生活 생활

死
죽을 사
[난이도] 읽기 6급 쓰기 5급 [총획] 6획 [부수] 歹
[획순] 一 厂 歹 歹 歹 死
死亡 사망

禍
재앙 화
[난이도] 읽기 3급II 쓰기 2급 [총획] 14획 [부수] 示
[획순] 亍 礻 𥘅 𥘅 禍 禍
禍根 화근

福
복 복
[난이도] 읽기 5급II 쓰기 4급II [총획] 14획 [부수] 示
[획순] 亍 礻 𥘅 𥘅 福 福
福祉 복지

安
편안할 안
[난이도] 읽기 7급II 쓰기 6급 [총획] 6획 [부수] 宀
[획순] 丶 宀 宀 安 安 安
便安 편안

危
위태할 위
[난이도] 읽기 4급 쓰기 3급 [총획] 6획 [부수] 卩
[획순] ノ 𠂊 𠂊 产 危 危
危機 위기

存
있을 존
[난이도] 읽기 4급 쓰기 3급 [총획] 6획 [부수] 子
[획순] 一 ナ 𠂇 存 存 存
存立 존립

亡
망할 망
[난이도] 읽기 5급 쓰기 4급 [총획] 3획 [부수] 亠
[획순] 丶 亠 亡
死亡 사망

盛
성할 성
[난이도] 읽기 4급II 쓰기 3급II [총획] 12획 [부수] 皿
[획순] 厂 万 成 成 成 盛
盛況 성황

衰
쇠할 쇠
[난이도] 읽기 3급II 쓰기 2급 [총획] 10획 [부수] 衣
[획순] … 衰
衰亡 쇠망

窮
궁할 궁
[난이도] 읽기 4급 쓰기 3급 [총획] 15획 [부수] 穴
[획순] … 窮
追窮 추궁

達
통달할 달
[난이도] 읽기 4급II 쓰기 3급II [총획] 13획 [부수] 辶
[획순] … 達
發達 발달

利
이로울 리
[난이도] 읽기 6급II 쓰기 5급II [총획] 7획 [부수] 刂
[획순] 二 千 禾 禾 利 利
金利 금리

害
해로울 해
[난이도] 읽기 5급II 쓰기 4급II [총획] 10획 [부수] 宀
[획순] … 害 害
害蟲 해충

灾
재앙 재
[난이도] 읽기 특급 [총획] 7획 [부수] 火
[획순] … 灾
罹灾民 이재민

祥
상서 상
[난이도] 읽기 3급 쓰기 2급 [총획] 11획 [부수] 示
[획순] … 祥
祥瑞 상서

尊
존귀할 존
[난이도] 읽기 4급II 쓰기 3급II [총획] 12획 [부수] 寸
[획순] … 尊
尊重 존중

卑
낮을 비
[난이도] 읽기 3급II 쓰기 2급 [총획] 8획 [부수] 十
[획순] … 卑
卑怯 비겁

貴
귀할 귀
[난이도] 읽기 5급 쓰기 4급 [총획] 12획 [부수] 貝
[획순] … 貴
貴族 귀족

賤
천할 천
[난이도] 읽기 3급II 쓰기 2급 [총획] 15획 [부수] 貝
[획순] … 賤
賤民 천민

壽
오래 살 수
[난이도] 읽기 3급II 쓰기 2급 [총획] 14획 [부수] 士
[획순] … 壽
長壽 장수

夭
일찍 죽을 요
[난이도] 읽기 1급 쓰기 특급 [총획] 4획 [부수] 大
[획순] 一 二 チ 夭
壽夭 수요

貧
가난할 빈
[난이도] 읽기 4급II 쓰기 3급II [총획] 11획 [부수] 貝
[획순] … 貧
貧困 빈곤

富
부유할 부
[난이도] 읽기 4급II 쓰기 3급II [총획] 12획 [부수] 宀
[획순] … 富 富
豊富 풍부

愚
어리석을 우
[난이도] 읽기 3급II 쓰기 2급 [총획] 13획 [부수] 心
[획순] 冂 日 昌 禺 禺 愚
愚弄 우롱

慧
슬기로울 혜
[난이도] 읽기 3급II 쓰기 2급 [총획] 15획 [부수] 心
[획순] 彐 ‡ 丰丰 彗 彗 慧
慧眼 혜안

邪
간사할 사
[난이도] 읽기 3급II 쓰기 2급 [총획] 7획 [부수] 阝
[획순] 匚 于 牙 牙 邪 邪
邪惡 사악

正
바를 정
[난이도] 읽기 7급II 쓰기 6급 [총획] 5획 [부수] 止
[획순] 一 丅 下 正 正
正直 정직

老
늙을 로
[난이도] 읽기 7급 쓰기 6급 [총획] 6획 [부수] 老
[획순] 一 十 土 耂 老 老
元老 원로

少
젊을 소
[난이도] 읽기 7급 쓰기 6급 [총획] 4획 [부수] 小
[획순] 亅 小 小 少
少女 소녀

壯
다 클 장
[난이도] 읽기 4급 쓰기 3급 [총획] 7획 [부수] 士
[획순] 丨 丬 爿 爿 壯 壯
壯談 장담

幼
어릴 유
[난이도] 읽기 3급II 쓰기 2급 [총획] 5획 [부수] 幺
[획순] ㄑ 幺 幺 幻 幼
幼年 유년

廉
청렴할 렴
[난이도] 읽기 3급 쓰기 2급 [총획] 13획 [부수] 广
[획순] 广 庐 庐 庠 廉 廉
淸廉 청렴

貪
탐낼 탐
[난이도] 읽기 3급 쓰기 2급 [총획] 11획 [부수] 貝
[획순] 人 亼 今 含 含 貪
貪慾 탐욕

奢
사치할 사
[난이도] 읽기 1급 쓰기 특급 [총획] 12획 [부수] 大
[획순] 大 本 夲 夲 奢 奢
豪奢 호사

儉
검소할 검
[난이도] 읽기 4급 쓰기 3급 [총획] 15획 [부수] 亻
[획순] 亻 亻 佮 倫 儉 儉
勤儉 근검

姸
어여쁠 연
[난이도] 쓰기 특급II [총획] 9획 [부수] 女
[획순] ㄑ 女 女 好 妍 姸
姸醜 연추

媸
추할 치
[총획] 13획 [부수] 女
[획순] ㄑ 女 妣 妣 媸 媸

强
강할 강
[난이도] 읽기 특급II [총획] 12획 [부수] 弓
[획순] ㄱ 弓 弓 弨 弻 强
强調 강조

弱
약할 약
[난이도] 읽기 6급II 쓰기 5급II [총획] 10획 [부수] 弓
[획순] ㄱ 弓 弓 弱 弱 弱
弱者 약자

抑

누를 억

[난이도] 읽기 3급II 쓰기 2급 [총획] 7획 [부수] 扌

[획순] 扌 扌 扌 扌 抑 抑

抑制 억제

揚

드날릴 양

[난이도] 읽기 3급II 쓰기 2급 [총획] 12획 [부수] 扌

[획순] 扌 扌 扌 扌 揚 揚

浮揚 부양

殺

죽일 살

[난이도] 읽기 4급II 쓰기 3급II [총획] 11획 [부수] 殳

[획순] 乂 杀 杀 杀 殺 殺

抹殺 말살

活

살 활

[난이도] 읽기 7급II 쓰기 6급 [총획] 9획 [부수] 氵

[획순] 氵 氵 氵 汗 活 活

活用 활용

勝

이길 승

[난이도] 읽기 6급 쓰기 5급 [총획] 12획 [부수] 力

[획순] 月 月 月 勝 勝 勝

勝利 승리

敗

패할 패

[난이도] 읽기 5급 쓰기 4급 [총획] 11획 [부수] 攵

[획순] 冂 目 貝 貝 敗 敗

失敗 실패

順

순할 순

[난이도] 읽기 5급II 쓰기 4급II [총획] 12획 [부수] 頁

[획순] 川 川 川 順 順 順

順理 순리

逆

거스릴 역

[난이도] 읽기 4급II 쓰기 3급II [총획] 10획 [부수] 辶

[획순] 丷 䒑 屰 屰 逆 逆

反逆 반역

大

큰 대

[난이도] 읽기 8급 쓰기 6급II [총획] 3획 [부수] 大

[획순] 一 ナ 大

最大 최대

小

작을 소

[난이도] 읽기 8급 쓰기 6급II [총획] 3획 [부수] 小

[획순] 亅 小 小

縮小 축소

長

긴 장

[난이도] 읽기 8급 쓰기 6급II [총획] 8획 [부수] 長

[획순] 一 厂 F 巨 長 長

成長 성장

短

짧을 단

[난이도] 읽기 6급II 쓰기 5급II [총획] 12획 [부수] 矢

[획순] 午 矢 矢 矢 短 短

短折 단절

輕

가벼울 경

[난이도] 읽기 5급 쓰기 4급 [총획] 14획 [부수] 車

[획순] 亘 亘 車 車 輕 輕

輕率 경솔

重

무거울 중

[난이도] 읽기 7급 쓰기 6급 [총획] 9획 [부수] 里

[획순] 一 二 言 亩 重 重

愼重 신중

厚

두터울 후

[난이도] 읽기 4급 쓰기 3급 [총획] 9획 [부수] 厂

[획순] 厂 戶 戶 戶 厚 厚

重厚 중후

薄

엷을 박

[난이도] 읽기 3급II 쓰기 2급 [총획] 17획 [부수] 艹

[획순] 艹 艹 艹 蒲 薄 薄

淺薄 천박

淸
맑을 청
[난이도] 읽기 6급II 쓰기 5급II [총획] 11획 [부수] 氵
[획순] 氵 氵 氵 汼 淸 淸 淸
淸明 청명

濁
흐릴 탁
[난이도] 읽기 3급 쓰기 2급 [총획] 16획 [부수] 氵
[획순] 氵 氵 氵 泗 渴 濁
混濁 혼탁

高
높을 고
[난이도] 읽기 6급II 쓰기 5급II [총획] 10획 [부수] 高
[획순] 亠 亠 亠 高 高 高
高句麗 고구려

低
낮을 저
[난이도] 읽기 4급II 쓰기 3급II [총획] 7획 [부수] 亻
[획순] 亻 亻 仁 仾 低 低
最低 최저

方
모질 방
[난이도] 읽기 7급II 쓰기 6급 [총획] 4획 [부수] 方
[획순] 丶 亠 亡 方
地方 지방

圓
둥글 원
[난이도] 읽기 4급II 쓰기 3급II [총획] 13획 [부수] 口
[획순] 冂 冂 円 圓 圓 圓
圓滑 원활

曲
굽을 곡
[난이도] 읽기 5급 쓰기 4급 [총획] 6획 [부수] 日
[획순] 丨 冂 巾 曲 曲 曲
歪曲 왜곡

直
곧을 직
[난이도] 읽기 7급II 쓰기 6급 [총획] 8획 [부수] 目
[획순] 十 冇 冇 盲 直 直
直接 직접

廣
넓을 광
[난이도] 읽기 5급II 쓰기 4급II [총획] 15획 [부수] 广
[획순] 广 庐 庐 庴 廣 廣
廣場 광장

狹
좁을 협
[난이도] 읽기 1급 쓰기 특급 [총획] 10획 [부수] 犭
[획순] 犭 犭 犲 狄 狄 狹
狹小 협소

銳
날카로울 예
[난이도] 읽기 3급 쓰기 2급 [총획] 15획 [부수] 金
[획순] 𠆢 全 金 金 鈖 銳
精銳 정예

鈍
무딜 둔
[난이도] 읽기 3급 쓰기 2급 [총획] 12획 [부수] 金
[획순] 𠆢 全 金 金 鈩 鈍
鈍感 둔감

硬
견강할 경
[난이도] 읽기 3급II 쓰기 2급 [총획] 12획 [부수] 石
[획순] 厂 石 石 砳 硬 硬
强硬 강경

軟
연할 연
[난이도] 읽기 3급II 쓰기 2급 [총획] 11획 [부수] 車
[획순] 日 亘 車 軟 軟 軟
柔軟 유연

肥
살찔 비
[난이도] 읽기 3급II 쓰기 2급 [총획] 8획 [부수] 月
[획순] 丿 刀 月 肌 肥 肥
肥沃 비옥

瘠
파리할 척
[난이도] 읽기 1급 쓰기 특급 [총획] 15획 [부수] 疒
[획순] 广 疒 疢 痰 瘠 瘠
瘠薄 척박

有
있을 유
[난이도] 읽기 7급 쓰기 6급 [총획] 6획 [부수] 月
[획순] 丿 ナ 𠂇 冇 有 有
保有 보유

無
없을 무
[난이도] 읽기 5급 쓰기 4급 [총획] 12획 [부수] 灬
[획순] 丿 𠂉 二 無 無 無
無視 무시

虛
빌 허
[난이도] 읽기 4급II 쓰기 3급II [총획] 12획 [부수] 虍
[획순] 𠂉 广 虍 虍 虚 虛
虛構 허구

實
실상 실
[난이도] 읽기 5급II 쓰기 4급II [총획] 14획 [부수] 宀
[획순] 宀 宀 宵 實 實 實
事實 사실

有	有				
無	無				
虛	虛				
實	實				

疏
성길 소
[난이도] 읽기 3급II 쓰기 2급 [총획] 12획 [부수] 疋
[획순] 𠃌 𠄌 正 疋 䟽 疏
疏遠 소원

密
빽빽할 밀
[난이도] 읽기 4급II 쓰기 3급II [총획] 11획 [부수] 宀
[획순] 宀 宓 宓 密 密 密
祕密 비밀

斷
끊을 단
[난이도] 읽기 4급II 쓰기 3급II [총획] 18획 [부수] 斤
[획순] 幺 丝 㡭 㡭 斷 斷
判斷 판단

續
이을 속
[난이도] 읽기 4급II 쓰기 3급II [총획] 21획 [부수] 糸
[획순] 幺 糸 紆 續 續 續
連續 연속

疏	疏				
密	密				
斷	斷				
續	續				

剛
굳셀 강
[난이도] 읽기 3급II 쓰기 2급 [총획] 10획 [부수] 刂
[획순] 冂 冂 冈 岡 剛 剛
金剛山 금강산

柔
부드러울 유
[난이도] 읽기 3급II 쓰기 2급 [총획] 9획 [부수] 木
[획순] マ 予 矛 柔 柔 柔
懷柔 회유

屈
굽힐 굴
[난이도] 읽기 4급 쓰기 3급 [총획] 8획 [부수] 尸
[획순] 𠃌 尸 屄 屈 屈 屈
卑屈 비굴

伸
펼 신
[난이도] 읽기 3급 쓰기 2급 [총획] 7획 [부수] 亻
[획순] 亻 亻 们 伸 伸 伸
伸縮 신축

剛	剛				
柔	柔				
屈	屈				
伸	伸				

冷
찰 랭
[난이도] 읽기 5급 쓰기 4급 [총획] 7획 [부수] 冫
[획순] 丶 冫 冫 冷 冷 冷
寒冷 한랭

熱
더울 열
[난이도] 읽기 5급 쓰기 4급 [총획] 15획 [부수] 灬
[획순] 土 坴 坴 埶 熱 熱
熱風 열풍

燥
마를 조
[난이도] 읽기 3급 쓰기 2급 [총획] 17획 [부수] 火
[획순] 火 炉 炉 燥 燥 燥
乾燥 건조

濕
젖을 습
[난이도] 읽기 3급II 쓰기 2급 [총획] 17획 [부수] 氵
[획순] 氵 氵 浔 湿 濕 濕
陰濕 음습

冷	冷				
熱	熱				
燥	燥				
濕	濕				

淺

얕을 천

[난이도] 읽기 3급II 쓰기 2급 [총획] 11획 [부수] 氵
[획순] 丶 氵 汁 浅 淺 淺

淺薄 천박

深

깊을 심

[난이도] 읽기 4급II 쓰기 3급II [총획] 11획 [부수] 氵
[획순] 丶 氵 泞 泙 深 深

深層 심층

濃

걸 농

[난이도] 읽기 2급 쓰기 1급 [총획] 16획 [부수] 氵
[획순] 氵 汼 浀 浀 濃 濃

濃淡 농담

淡

묽을 담

[난이도] 읽기 3급II 쓰기 2급 [총획] 11획 [부수] 氵
[획순] 丶 氵 氵 氵 淡 淡

冷淡 냉담

融

녹을 융

[난이도] 읽기 2급 쓰기 1급 [총획] 16획 [부수] 虫
[획순] 一 戸 鬲 鬲 融 融

融解 융해

凍

얼 동

[난이도] 읽기 3급II 쓰기 2급 [총획] 10획 [부수] 冫
[획순] 冫 冂 冋 洹 凍 凍

凍傷 동상

滑

미끄러울 활

[난이도] 읽기 2급 쓰기 1급 [총획] 13획 [부수] 氵
[획순] 丶 氵 沪 涆 滑 滑

滑走 활주

澀

깔깔할 삽

[총획] 17획 [부수] 氵
[획순] 丶 氵 沪 澀 澀 澀

澀語 삽어

精

정할 정

[난이도] 읽기 4급II 쓰기 3급II [총획] 14획 [부수] 米
[획순] 米 米 粁 粁 精 精

精密 정밀

粗

거칠 조

[난이도] 읽기 1급 쓰기 특급 [총획] 11획 [부수] 米
[획순] 丷 半 米 粈 粗 粗

粗惡 조악

汙

더러울 오

[난이도] 읽기 특급 [총획] 6획 [부수] 氵
[획순] 丶 丶 氵 汇 汗 汙

潔

깨끗할 결

[난이도] 읽기 4급II 쓰기 3급II [총획] 15획 [부수] 氵
[획순] 丶 氵 沣 潔 潔 潔

淸潔 청결

完

완전할 완

[난이도] 읽기 5급 쓰기 4급 [총획] 7획 [부수] 宀
[획순] 丶 宀 宀 宀 宇 完

完璧 완벽

缺

이지러질 결

[난이도] 읽기 4급II 쓰기 3급II [총획] 10획 [부수] 缶
[획순] 二 午 缶 缶 缺 缺

缺陷 결함

純

순수할 순

[난이도] 읽기 4급II 쓰기 3급II [총획] 10획 [부수] 糸
[획순] 𠂉 幺 糸 糸 紅 純

純粹 순수

雜

잡될 잡

[난이도] 읽기 4급 쓰기 3급 [총획] 18획 [부수] 隹
[획순] 亠 亣 卒 桒 新 雜

雜音 잡음

浮沈隱現

浮 뜰 부
[난이도] 읽기 3급II 쓰기 2급 [총획] 10획 [부수] 氵
[획순] 氵 氵 氵 浐 浮 浮
浮遊 부유

沈 잠길 침
[난이도] 읽기 3급II 쓰기 2급 [총획] 7획 [부수] 氵
[획순] 氵 氵 氵 氵 沙 沈
沈沒 침몰

隱 숨을 은
[난이도] 읽기 4급 쓰기 3급 [총획] 17획 [부수] 阝
[획순] 阝 阝 阝 阝 隱 隱
隱匿 은닉

現 보일 현
[난이도] 읽기 6급II 쓰기 5급II [총획] 11획 [부수] 王
[획순] 丁 王 玑 玥 玥 現
表現 표현

開閉出入

開 열 개
[난이도] 읽기 6급 쓰기 5급 [총획] 12획 [부수] 門
[획순] 门 户 門 門 開 開
開放 개방

閉 닫을 폐
[난이도] 읽기 4급 쓰기 3급 [총획] 11획 [부수] 門
[획순] 门 户 門 門 閉 閉
密閉 밀폐

出 날 출
[난이도] 읽기 7급 쓰기 6급 [총획] 5획 [부수] 凵
[획순] 丨 屮 屮 出 出
出發 출발

入 들 입
[난이도] 읽기 7급 쓰기 6급 [총획] 2획 [부수] 入
[획순] 丿 入
入場 입장

聚散動靜

聚 모을 취
[난이도] 쓰기 특급II [총획] 14획 [부수] 耳
[획순] 丆 耳 取 取 聚 聚
聚合 취합

散 흩을 산
[난이도] 읽기 4급 쓰기 3급 [총획] 12획 [부수] 攵
[획순] 艹 艹 昔 昔 散 散
擴散 확산

動 움직일 동
[난이도] 읽기 7급II 쓰기 6급 [총획] 11획 [부수] 力
[획순] 亠 白 亘 重 動 動
動作 동작

靜 고요할 정
[난이도] 읽기 4급 쓰기 3급 [총획] 16획 [부수] 靑
[획순] 丰 青 青 静 靜 靜
靜寂 정적

從違離合

從 좇을 종
[난이도] 읽기 4급 쓰기 3급 [총획] 11획 [부수] 彳
[획순] 彳 彳 彳 彳 徉 從
從容 종용

違 어길 위
[난이도] 읽기 3급 쓰기 2급 [총획] 13획 [부수] 辶
[획순] 丄 吾 韋 韋 湋 違
違反 위반

離 떠날 리
[난이도] 읽기 4급 쓰기 3급 [총획] 19획 [부수] 隹
[획순] 亠 卤 离 离 离 離
分離 분리

合 합할 합
[난이도] 읽기 6급 쓰기 5급 [총획] 6획 [부수] 口
[획순] 丿 人 亼 今 合 合
統合 통합

明
밝을 명
[난이도] 읽기 6급II 쓰기 5급II [총획] 8획 [부수] 日
[획순] 丨 冂 日 刖 明明
糾明 규명

暗
어두울 암
[난이도] 읽기 4급II 쓰기 3급II [총획] 13획 [부수] 日
[획순] 冂 日 旷 暗 暗暗
暗礁 암초

通
통할 통
[난이도] 읽기 6급 쓰기 5급 [총획] 11획 [부수] 辶
[획순] ㇇ 丙 甬 甬 涌 通
通過 통과

塞
막을 색
[난이도] 읽기 3급II 쓰기 2급 [총획] 13획 [부수] 土
[획순] 宀 审 寉 実 塞 塞
梗塞 경색

遲
더딜 지
[난이도] 읽기 3급 쓰기 2급 [총획] 16획 [부수] 辶
[획순] 尸 屵 犀 犀 遅 遲
遲延 지연

速
빠를 속
[난이도] 읽기 6급 쓰기 5급 [총획] 11획 [부수] 辶
[획순] 一 ㄇ 申 束 涑 速
迅速 신속

緩
느릴 완
[난이도] 읽기 3급II 쓰기 2급 [총획] 15획 [부수] 糸
[획순] 幺 糸 綒 綒 緩 緩
緩慢 완만

急
급할 급
[난이도] 읽기 6급II 쓰기 5급II [총획] 9획 [부수] 心
[획순] ⺈ ⺈ 刍 刍 急 急
緊急 긴급

去
갈 거
[난이도] 읽기 5급 쓰기 4급 [총획] 5획 [부수] 厶
[획순] 一 十 土 去 去
過去 과거

留
머물 류
[난이도] 읽기 4급II 쓰기 3급II [총획] 10획 [부수] 田
[획순] ⺊ ⺊ 切 卯 畄 留
滯留 체류

用
쓸 용
[난이도] 읽기 6급II 쓰기 5급II [총획] 5획 [부수] 用
[획순] 丿 冂 月 月 用
用語 용어

捨
버릴 사
[난이도] 읽기 3급 쓰기 2급 [총획] 11획 [부수] 扌
[획순] 扌 扵 拎 拎 捨 捨
取捨 취사

榮
빛날 영
[난이도] 읽기 4급II 쓰기 3급II [총획] 14획 [부수] 木
[획순] ⺌ 火 炏 熒 榮 榮
榮光 영광

枯
마를 고
[난이도] 읽기 3급 쓰기 2급 [총획] 9획 [부수] 木
[획순] 十 木 朾 村 枯 枯
枯渴 고갈

贏
넉넉할 영
[난이도] 읽기 특급 [총획] 20획 [부수] 貝
[획순] 亠 亡 育 肓 嬴 贏
贏利 영리

縮
줄 축
[난이도] 읽기 4급 쓰기 3급 [총획] 17획 [부수] 糸
[획순] 幺 糸 紵 綰 縮 縮
縮小 축소

眞

참 **진**

[난이도] 읽기 4급II 쓰기 3급II [총획] 10획 [부수] 目
[획순] 一 ᅳ 𠂉 肙 眞 眞

眞相 진상

假

거짓 **가**

[난이도] 읽기 4급II 쓰기 3급II [총획] 11획 [부수] 亻
[획순] 亻 亻 伊 伊 假 假

假定 가정

優

넉넉할 **우**

[난이도] 읽기 4급 쓰기 3급 [총획] 17획 [부수] 亻
[획순] 亻 亻 亻 佴 優 優

優位 우위

劣

용렬할 **렬**

[난이도] 읽기 3급 쓰기 2급 [총획] 6획 [부수] 力
[획순] 丨 小 小 少 劣 劣

庸劣 용렬

加

더할 **가**

[난이도] 읽기 5급 쓰기 4급 [총획] 5획 [부수] 力
[획순] 丁 力 加 加 加

加工 가공

減

감할 **감**

[난이도] 읽기 4급II 쓰기 3급II [총획] 12획 [부수] 氵
[획순] 丶 氵 氵 沪 減 減

減少 감소

損

덜 **손**

[난이도] 읽기 4급 쓰기 3급 [총획] 13획 [부수] 扌
[획순] 扌 扌 扌 捐 損 損

損害 손해

益

더할 **익**

[난이도] 읽기 4급II 쓰기 3급II [총획] 10획 [부수] 皿
[획순] 八 亼 关 益 益 益

利益 이익

縱

길이 **종**

[난이도] 읽기 3급II 쓰기 2급 [총획] 17획 [부수] 糸
[획순] 幺 糸 糸 紒 縱 縱

縱斷 종단

橫

가로 **횡**

[난이도] 읽기 3급II 쓰기 2급 [총획] 16획 [부수] 木
[획순] 十 木 栏 横 橫 橫

橫斷 횡단

遠

멀 **원**

[난이도] 읽기 6급 쓰기 5급 [총획] 14획 [부수] 辶
[획순] 土 吉 吉 袁 遠 遠

遠征 원정

近

가까울 **근**

[난이도] 읽기 6급 쓰기 5급 [총획] 8획 [부수] 辶
[획순] 一 厂 斤 斤 沂 近

近處 근처

攲

기울어질 **기**

[총획] 12획 [부수] 支
[획순] 大 奇 奇 奇 攲 攲

斜攲 사기

整

가지런할 **정**

[난이도] 읽기 4급 쓰기 3급 [총획] 16획 [부수] 攵
[획순] 申 束 束 敕 整 整

整理 정리

平

평평할 **평**

[난이도] 읽기 7급II 쓰기 6급 [총획] 5획 [부수] 干
[획순] 一 二 丌 亚 平

平地 평지

仄

기울어질 **측**

[난이도] 읽기 특급II [총획] 4획 [부수] 人
[획순] 一 厂 仄 仄

仄聞 측문

難 어려울 난
[난이도] 읽기 4급II 쓰기 3급II [총획] 19획 [부수] 隹
[획순] 艹 菓 蓳 糞 歎 難
困難 곤란

易 쉬울 이
[총획] 8획 [부수] 日
[획순] ㅣ 口 日 月 易 易
安易 안이

煩 번거로울 번
[난이도] 읽기 3급 쓰기 2급 [총획] 13획 [부수] 火
[획순] 丷 火 灯 炳 煩 煩
煩雜 번잡

閒 한가할 한
[난이도] 읽기 특급II [총획] 12획 [부수] 門
[획순] 𠂉 門 門 門 閒 閒
閒暇 한가

專 오로지 할 전
[난이도] 읽기 4급 쓰기 3급 [총획] 11획 [부수] 寸
[획순] 一 百 亩 車 叀 專
專門 전문

貳 휴이할 이
[난이도] 읽기 2급 쓰기 1급 [총획] 12획 [부수] 貝
[획순] 一 三 貢 貢 貳 貳
貳心 이심

詳 자세할 상
[난이도] 읽기 3급II 쓰기 2급 [총획] 13획 [부수] 言
[획순] 二 言 言 詳 詳 詳
詳細 상세

略 간략할 략
[난이도] 읽기 4급 쓰기 3급 [총획] 11획 [부수] 田
[획순] 冂 田 田 畋 略 略
簡略 간략

翻 뒤집힐 번
[난이도] 읽기 특급 [총획] 18획 [부수] 羽
[획순] 乎 采 番 番 翻 翻
飜覆 번복

覆 뒤집힐 복
[난이도] 읽기 3급II 쓰기 2급 [총획] 18획 [부수] 襾
[획순] 冖 襾 覀 覀 覆 覆
顚覆 전복

弛 느즈러질 이
[난이도] 읽기 1급 쓰기 특급 [총획] 6획 [부수] 弓
[획순] ㄱ コ 弓 弓 弛 弛
解弛 해이

張 베풀 장
[난이도] 읽기 4급 쓰기 3급 [총획] 11획 [부수] 弓
[획순] ㄱ 弓 弡 弫 弫 張
主張 주장

稀 드물 희
[난이도] 읽기 3급II 쓰기 2급 [총획] 12획 [부수] 禾
[획순] 千 禾 秄 秎 稀 稀
稀貴 희귀

稠 빽빽할 조
[난이도] 읽기 1급 쓰기 특급 [총획] 13획 [부수] 禾
[획순] 千 禾 秱 稠 稠 稠
稠密 조밀

泄 샐 설
[난이도] 읽기 1급 쓰기 특급 [총획] 8획 [부수] 氵
[획순] 丶 氵 汁 泄 泄 泄
漏泄 누설

蓄 쌓을 축
[난이도] 읽기 4급II 쓰기 3급II [총획] 14획 [부수] 艹
[획순] 艹 芓 茎 蓄 蓄 蓄
蓄積 축적

多
많을 다
[난이도] 읽기 6급 쓰기 5급 [총획] 6획 [부수] 夕
[획순] ノ ク タ 夕 多 多
多様 다양

寡
적을 과
[난이도] 읽기 3급II 쓰기 2급 [총획] 14획 [부수] 宀
[획순] 宀 宀 宀 直 寘 寡
獨寡占 독과점

盈
찰 영
[난이도] 쓰기 특급II [총획] 9획 [부수] 皿
[획순] 乃 乃 夃 夃 盈 盈
貫盈 관영

虧
이지러질 휴
[난이도] 읽기 특급II [총획] 17획 [부수] 虍
[획순] 卜 广 卢 虚 虧 虧
虧損 휴손

增
더할 증
[난이도] 읽기 4급II 쓰기 3급II [총획] 15획 [부수] 土
[획순] 土 圹 堌 增 增 增
增加 증가

刪
제할 산
[난이도] 읽기 1급 쓰기 특급 [총획] 7획 [부수] 刂
[획순] 丨 冂 冊 冊 冊 刪
刪減 산감

溢
넘칠 일
[난이도] 읽기 1급 쓰기 특급 [총획] 13획 [부수] 氵
[획순] 丶 氵 氵 泆 溢 溢
海溢 해일

涸
물 마를 학
[총획] 11획 [부수] 氵
[획순] 丶 氵 汩 泂 涸 涸
乾涸 건학

洪
클 홍
[난이도] 읽기 3급II 쓰기 2급 [총획] 9획 [부수] 氵
[획순] 丶 氵 汩 泂 涸 涸
洪水 홍수

纖
가늘 섬
[난이도] 읽기 2급 쓰기 1급 [총획] 23획 [부수] 糸
[획순] 纟 糸 糹 紣 繊 纖
纖維 섬유

巨
클 거
[난이도] 읽기 4급 쓰기 3급 [총획] 5획 [부수] 工
[획순] 一 厂 巨 巨 巨
巨大 거대

細
가늘 세
[난이도] 읽기 4급II 쓰기 3급II [총획] 11획 [부수] 糸
[획순] 纟 糸 糿 細 細 細
細密 세밀

紛
어지러울 분
[난이도] 읽기 3급II 쓰기 2급 [총획] 10획 [부수] 糸
[획순] 纟 糸 糹 紒 紛 紛
紛爭 분쟁

紜
어지러울 운
[총획] 10획 [부수] 糸
[획순] 纟 糸 糹 紜 紜 紜
紛紜 분운

異
다를 이
[난이도] 읽기 4급 쓰기 3급 [총획] 11획 [부수] 田
[획순] 冂 田 甲 異 異 異
異見 이견

同
같을 동
[난이도] 읽기 7급 쓰기 6급 [총획] 6획 [부수] 口
[획순] 丨 冂 冂 同 同 同
同參 동참

多	多				
寡	寡				
盈	盈				
虧	虧				
增	增				
刪	刪				
溢	溢				
涸	涸				
洪	洪				
纖	纖				
巨	巨				
細	細				
紛	紛				
紜	紜				
異	異				
同	同				

變

변할 변

[난이도] 읽기 5급II 쓰기 4급II [총획] 23획 [부수] 言

[획순] 言 糹 䜌 變 變

變更 변경

化

변화할 화

[난이도] 읽기 5급II 쓰기 4급II [총획] 4획 [부수] 匕

[획순] ノ 亻 亻 化

强化 강화

周

두루 주

[난이도] 읽기 4급 쓰기 3급 [총획] 8획 [부수] 口

[획순] 冂 冂 円 用 周 周

周邊 주변

旋

돌이킬 선

[난이도] 읽기 3급II 쓰기 2급 [총획] 11획 [부수] 方

[획순] 亠 方 方 扩 旃 旋

斡旋 알선

新

새 신

[난이도] 읽기 6급II 쓰기 5급II [총획] 13획 [부수] 斤

[획순] 亠 立 辛 亲 新 新

革新 혁신

舊

예 구

[난이도] 읽기 5급II 쓰기 4급II [총획] 18획 [부수] 臼

[획순] 艹 萑 萑 萑 舊 舊

舊態 구태

始

비로소 시

[난이도] 읽기 6급II 쓰기 5급II [총획] 8획 [부수] 女

[획순] 𡿨 女 女 女 始 始

始初 시초

終

마칠 종

[난이도] 읽기 5급 쓰기 4급 [총획] 11획 [부수] 糸

[획순] 幺 糸 糸 紁 終 終

終熄 종식

薈

풍성할 회

[난이도] 읽기 특급 [총획] 17획 [부수] 艹

[획순] 艹 艹 苓 薈 薈 薈

蘆薈 노회

蔚

초목 성할 위

[난이도] 쓰기 특급II [총획] 15획 [부수] 艹

[획순] 艹 芦 蔚 蔚 蔚 蔚

叢

떨기 총

[난이도] 읽기 1급 쓰기 특급 [총획] 18획 [부수] 又

[획순] 业 丵 丵 叢 叢 叢

叢論 총론

茂

무성할 무

[난이도] 읽기 3급II 쓰기 2급 [총획] 9획 [부수] 艹

[획순] 艹 艹 芦 茂 茂 茂

茂盛 무성

槁

마를 고

[난이도] 읽기 특급II [총획] 14획 [부수] 木

[획순] 十 木 朩 栲 槁 槁

槁木 고목

萎

이울 위

[난이도] 읽기 1급 쓰기 특급 [총획] 12획 [부수] 艹

[획순] 艹 苎 芏 茉 萎 萎

萎縮 위축

摧

꺾을 최

[난이도] 읽기 특급 [총획] 14획 [부수] 扌

[획순] 十 扌 扌 拃 摧 摧

摧謝 최사

折

꺾을 절

[난이도] 읽기 4급 쓰기 3급 [총획] 7획 [부수] 扌

[획순] 十 扌 扌 扩 折 折

挫折 좌절

凝

엉길 응

[난이도] 읽기 3급 쓰기 2급 [총획] 16획 [부수] 冫

[획순] 冫 冫 凝 凝 凝 凝

凝縮 응축

滯

막힐 체

[난이도] 읽기 3급II 쓰기 2급 [총획] 14획 [부수] 氵

[획순] 氵 汁 洲 滯 滯 滯

滯留 체류

堙

막힐 인

[총획] 12획 [부수] 土

[획순] 土 圹 垭 堙 堙 堙

堙鬱 인울

鬱

답답할 울

[난이도] 읽기 2급 쓰기 1급 [총획] 29획 [부수] 鬯

[획순] 木 林 櫯 鬱 鬱 鬱

憂鬱 우울

凝	凝				
滯	滯				
堙	堙				
鬱	鬱				

滲

스며들 삼

[난이도] 읽기 1급 쓰기 특급 [총획] 14획 [부수] 氵

[획순] 氵 氵 浐 浐 渗 滲

滲透 삼투

漏

샐 루

[난이도] 읽기 3급II 쓰기 2급 [총획] 14획 [부수] 氵

[획순] 氵 沪 涓 涓 漏 漏

脫漏 탈루

潰

흩어질 궤

[난이도] 읽기 1급 쓰기 특급 [총획] 15획 [부수] 氵

[획순] 氵 沪 浩 潰 潰 潰

崩潰 붕궤

決

물 터놓을 결

[난이도] 읽기 5급II 쓰기 4급II [총획] 7획 [부수] 氵

[획순] 丶 氵 氵 汩 泱 決

決定 결정

滲	滲				
漏	漏				
潰	潰				
決	決				

照

비칠 조

[난이도] 읽기 3급II 쓰기 2급 [총획] 13획 [부수] 灬

[획순] 日 日 昭 昭 照 照

參照 참조

耀

빛날 요

[난이도] 쓰기 특급II [총획] 20획 [부수] 羽

[획순] 光 光 光 耀 耀 耀

光耀 광요

焚

사를 분

[난이도] 읽기 1급 쓰기 특급 [총획] 12획 [부수] 火

[획순] 十 木 村 林 林 焚

焚身 분신

燒

사를 소

[난이도] 읽기 3급II 쓰기 2급 [총획] 16획 [부수] 火

[획순] 火 炷 炷 燒 燒 燒

燒却 소각

照	照				
耀	耀				
焚	焚				
燒	燒				

灌

물 댈 관

[난이도] 읽기 1급 쓰기 특급 [총획] 21획 [부수] 氵

[획순] 氵 汴 灌 灌 灌 灌

灌漑 관개

沃

물 댈 옥

[난이도] 쓰기 특급II [총획] 7획 [부수] 氵

[획순] 丶 氵 氵 沃 沃 沃

肥沃 비옥

熄

불 꺼질 식

[난이도] 읽기 1급 쓰기 특급 [총획] 14획 [부수] 火

[획순] 丷 火 炉 熄 熄 熄

終熄 종식

滅

불 끌 멸

[난이도] 읽기 3급II 쓰기 2급 [총획] 13획 [부수] 氵

[획순] 氵 沥 沥 滅 滅 滅

滅亡 멸망

灌	灌				
沃	沃				
熄	熄				
滅	滅				

豊

풍년 **풍**

[난이도] 읽기 4급II 쓰기 3급II [총획] 13획 [부수] 豆
[획순] 冂 卌 曲 豊 豊 豊

豊饒 풍요

好

좋을 **호**

[난이도] 읽기 4급II 쓰기 3급II [총획] 6획 [부수] 女
[획순] 乚 女 女 奵 好 好

選好 선호

秀

빼어날 **수**

[난이도] 읽기 4급 쓰기 3급 [총획] 7획 [부수] 禾
[획순] 二 千 禾 禾 乔 秀

優秀 우수

美

아름다울 **미**

[난이도] 읽기 6급 쓰기 5급 [총획] 9획 [부수] 羊
[획순] 䒑 䒑 羊 美 美 美

美人 미인

尖

뾰족할 **첨**

[난이도] 읽기 3급 쓰기 2급 [총획] 6획 [부수] 小
[획순] 亅 小 小 尖 尖 尖

尖端 첨단

碎

부술 **쇄**

[난이도] 읽기 1급 쓰기 특급 [총획] 13획 [부수] 石
[획순] 丆 石 石 矿 碎 碎

粉碎 분쇄

破

깨뜨릴 **파**

[난이도] 읽기 4급II 쓰기 3급II [총획] 10획 [부수] 石
[획순] 丆 石 石 矿 矿 破

破壞 파괴

裂

찢을 **렬**

[난이도] 읽기 3급II 쓰기 2급 [총획] 12획 [부수] 衣
[획순] 歹 歹 列 烈 裂 裂

決裂 결렬

堅

굳을 **견**

[난이도] 읽기 4급 쓰기 3급 [총획] 11획 [부수] 土
[획순] 臣 臣 臤 臤 堅 堅

堅固 견고

固

굳을 **고**

[난이도] 읽기 5급 쓰기 4급 [총획] 8획 [부수] 口
[획순] 冂 冂 円 団 固 固

固體 고체

侈

사치할 **치**

[난이도] 읽기 1급 쓰기 특급 [총획] 8획 [부수] 亻
[획순] 丿 亻 伫 伫 侈 侈

奢侈 사치

麗

고울 **려**

[난이도] 읽기 4급II 쓰기 3급II [총획] 19획 [부수] 鹿
[획순] 丽 丽 严 麗 麗 麗

華麗 화려

朽

썩을 **후**

[난이도] 읽기 1급 쓰기 특급 [총획] 6획 [부수] 木
[획순] 一 十 才 木 朽 朽

老朽 노후

腐

썩을 **부**

[난이도] 읽기 3급II 쓰기 2급 [총획] 14획 [부수] 肉
[획순] 广 广 府 府 腐 腐

腐敗 부패

壞

무너질 **괴**

[난이도] 읽기 3급II 쓰기 2급 [총획] 19획 [부수] 土
[획순] 扌 圹 坤 坤 壞 壞

破壞 파괴

落

떨어질 **락**

[난이도] 읽기 5급 쓰기 4급 [총획] 13획 [부수] 艹
[획순] 艹 艹 茫 莈 落 落

轉落 전락

騰
오를 등
[난이도] 읽기 3급 쓰기 2급 [총획] 20획 [부수] 馬
[획순] 月 月' 月' 月' 騰 騰
急騰 급등

翥
날아오를 저
[총획] 15획 [부수] 羽
[획순] 土 耂 者 者 者 翥

飛
날 비
[난이도] 읽기 4급II 쓰기 3급II [총획] 9획 [부수] 飛
[획순] 乁 乁 飞 飞 飛 飛
飛行 비행

鳴
울 명
[난이도] 읽기 4급 쓰기 3급 [총획] 14획 [부수] 鳥
[획순] 口 口 口' 口' 鳴 鳴
共鳴 공명

潛
잠길 잠
[난이도] 읽기 3급II 쓰기 2급 [총획] 15획 [부수] 氵
[획순] 氵 氵 氵 氵 潛 潛
潛水 잠수

藏
감출 장
[난이도] 읽기 3급II 쓰기 2급 [총획] 18획 [부수] 艹
[획순] 艹 艹 艹 藏 藏 藏
藏識 장식

遁
도망할 둔
[난이도] 읽기 1급 쓰기 특급 [총획] 13획 [부수] 辶
[획순] 厂 斤 盾 盾 遁 遁
隱遁 은둔

匿
숨길 닉
[난이도] 읽기 1급 쓰기 특급 [총획] 11획 [부수] 匚
[획순] 一 艹 若 若 若 匿
隱匿 은닉

充
채울 충
[난이도] 읽기 5급II 쓰기 4급II [총획] 6획 [부수] 儿
[획순] ' 亠 云 云 充 充
補充 보충

滿
가득할 만
[난이도] 읽기 4급II 쓰기 3급II [총획] 14획 [부수] 氵
[획순] 氵 氵 洪 洪 滿 滿
滿足 만족

汎
뜰 범
[난이도] 읽기 2급 쓰기 1급 [총획] 6획 [부수] 氵
[획순] ` 丶 氵 氵 汎 汎
大汎 대범

濫
넘칠 람
[난이도] 읽기 3급 쓰기 2급 [총획] 17획 [부수] 氵
[획순] 氵 氵 氵 氵 濫 濫
汎濫 범람

空
빌 공
[난이도] 읽기 7급II 쓰기 6급 [총획] 8획 [부수] 穴
[획순] 宀 穴 穴 空 空 空
空間 공간

匱
없을 궤
[난이도] 읽기 특급 [총획] 14획 [부수] 匚
[획순] 一 一 一 一 貴 匱
匱乏 궤핍

竭
다할 갈
[난이도] 읽기 1급 쓰기 특급 [총획] 14획 [부수] 立
[획순] 亠 立 立 立 竭 竭
困竭 곤갈

盡
다할 진
[난이도] 읽기 4급 쓰기 3급 [총획] 14획 [부수] 皿
[획순] 一 ⺕ 聿 聿 盡 盡
盡力 진력

放

놓을 방

[난이도] 읽기 6급II 쓰기 5급II [총획] 8획 [부수] 攵

[획순] 亠 方 方 方' 於 放

解放 해방

逸

빠질 일

[난이도] 읽기 3급II 쓰기 2급 [총획] 12획 [부수] 辶

[획순] ⺈ 色 争 免 浼 逸

逸脫 일탈

奔

달아날 분

[난이도] 읽기 3급II 쓰기 2급 [총획] 8획 [부수] 大

[획순] 一 大 夲 夲 奎 奔

狂奔 광분

逃

도망할 도

[난이도] 읽기 4급 쓰기 3급 [총획] 10획 [부수] 辶

[획순] 丿 ⺇ 兆 兆 洮 逃

逃亡 도망

回

돌아올 회

[난이도] 읽기 4급II 쓰기 3급II [총획] 6획 [부수] 口

[획순] 丨 冂 冋 同 回 回

回復 회복

還

돌아올 환

[난이도] 읽기 3급II 쓰기 2급 [총획] 17획 [부수] 辶

[획순] 罒 罒 罝 睘 環 還

返還 반환

歸

돌아갈 귀

[난이도] 읽기 4급 쓰기 3급 [총획] 18획 [부수] 止

[획순] 𠂤 自 𠂤 歸 歸 歸

歸國 귀국

反

돌아올 반

[난이도] 읽기 6급II 쓰기 5급II [총획] 4획 [부수] 又

[획순] 一 厂 反 反

違反 위반

繫

맬 계

[난이도] 읽기 3급 쓰기 2급 [총획] 19획 [부수] 糸

[획순] 𠂉 車 軗 毄 繫 繫

連繫 연계

結

맺을 결

[난이도] 읽기 5급II 쓰기 4급II [총획] 12획 [부수] 糸

[획순] 幺 糸 紅 紶 結 結

妥結 타결

牽

끌 견

[난이도] 읽기 3급 쓰기 2급 [총획] 11획 [부수] 牛

[획순] 亠 玄 产 牵 牽 牽

牽引 견인

曳

끌 예

[난이도] 읽기 1급 쓰기 특급 [총획] 6획 [부수] 曰

[획순] 丨 口 日 日 电 曳

曳引 예인

游

헤엄칠 유

[난이도] 읽기 1급 쓰기 특급 [총획] 12획 [부수] 氵

[획순] 丶 氵 氵 汸 游 游

游泳 유영

泳

잠수질할 영

[난이도] 읽기 3급 쓰기 2급 [총획] 8획 [부수] 氵

[획순] 丶 氵 氵 汸 泳 泳

水泳 수영

解

풀 해

[난이도] 읽기 4급II 쓰기 3급II [총획] 13획 [부수] 角

[획순] ⺈ 角 角 觧 解 解

解決 해결

脫

벗을 탈

[난이도] 읽기 4급 쓰기 3급 [총획] 11획 [부수] 月

[획순] 丿 月 肸 胪 脫 脫

脫出 탈출

壅 막을 옹
[난이도] 읽기 1급 쓰기 특급 [총획] 16획 [부수] 土
[획순] 亠 亣 亣 雍 雍 壅
壅塞 옹색

蔽 가릴 폐
[난이도] 읽기 3급 쓰기 2급 [총획] 16획 [부수] 艹
[획순] 艹 芇 芇 蔽 蔽 蔽
遮蔽 차폐

阻 막힐 조
[난이도] 읽기 1급 쓰기 특급 [총획] 8획 [부수] 阝
[획순] 阝 阝 阝 阴 阻 阻
攔阻 난조

隔 막힐 격
[난이도] 읽기 3급II 쓰기 2급 [총획] 13획 [부수] 阝
[획순] 阝 阝 阝 阝 隔 隔
隔差 격차

壅	壅				
蔽	蔽				
阻	阻				
隔	隔				

恢 넓힐 회
[난이도] 읽기 1급 쓰기 특급 [총획] 9획 [부수] 忄
[획순] 忄 忄 忙 怽 恢 恢
恢復 회복

拓 넓힐 척
[난이도] 읽기 3급II 쓰기 2급 [총획] 8획 [부수] 扌
[획순] 扌 扌 扌 扩 拓 拓
開拓 개척

爽 시원할 상
[난이도] 읽기 1급 쓰기 특급 [총획] 11획 [부수] 爻
[획순] 一 爻 爻 爽 爽 爽
爽快 상쾌

豁 시원할 활
[난이도] 읽기 특급II [총획] 17획 [부수] 谷
[획순] 宀 宝 害 害 豁 豁
豁達 활달

恢	恢				
拓	拓				
爽	爽				
豁	豁				

勞 수고로울 로
[난이도] 읽기 5급II 쓰기 4급II [총획] 12획 [부수] 力
[획순] 火 火 炏 炏 勞 勞
過勞 과로

倦 게으를 권
[난이도] 읽기 1급 쓰기 특급 [총획] 10획 [부수] 亻
[획순] 亻 亻 仁 倦 倦 倦
倦怠 권태

催 재촉할 최
[난이도] 읽기 3급II 쓰기 2급 [총획] 13획 [부수] 亻
[획순] 亻 亻 仙 催 催 催
催眠 최면

促 재촉할 촉
[난이도] 읽기 3급II 쓰기 2급 [총획] 9획 [부수] 亻
[획순] 亻 亻 仴 促 促 促
督促 독촉

勞	勞				
倦	倦				
催	催				
促	促				

休 쉴 휴
[난이도] 읽기 7급 쓰기 6급 [총획] 6획 [부수] 亻
[획순] 丿 亻 仁 什 休 休
連休 연휴

息 쉴 식
[난이도] 읽기 4급II 쓰기 3급II [총획] 10획 [부수] 心
[획순] 白 自 自 自 息 息
子息 자식

玩 구경할 완
[난이도] 읽기 1급 쓰기 특급 [총획] 8획 [부수] 王
[획순] 丁 王 玒 玩 玩 玩
玩具 완구

弄 희롱할 롱
[난이도] 읽기 3급II 쓰기 2급 [총획] 7획 [부수] 廾
[획순] 一 丁 王 王 弄 弄
才弄 재롱

休	休				
息	息				
玩	玩				
弄	弄				

孤

외로울 고

[난이도] 읽기 4급 쓰기 3급 [총획] 8획 [부수] 子

[획순] 了 孑 孒 孤 孤 孤

孤立 고립

獨

홀로 독

[난이도] 읽기 5급II 쓰기 4급II [총획] 16획 [부수] 犭

[획순] 犭 犭 犸 猸 獨 獨

獨白 독백

單

홑 단

[난이도] 읽기 4급II 쓰기 3급II [총획] 12획 [부수] 口

[획순] 口 吅 㗊 單 單 單

單純 단순

微

가늘 미

[난이도] 읽기 3급II 쓰기 2급 [총획] 13획 [부수] 彳

[획순] 彳 彳 彳 微 微 微

微細 미세

伴

짝 반

[난이도] 읽기 3급 쓰기 2급 [총획] 7획 [부수] 亻

[획순] 亻 亻 伴 伴 伴 伴

同伴 동반

侶

짝 려

[난이도] 읽기 1급 쓰기 특급 [총획] 9획 [부수] 亻

[획순] 亻 伊 侶 侶 侶 侶

僧侶 승려

群

무리 군

[난이도] 읽기 4급 쓰기 3급 [총획] 13획 [부수] 羊

[획순] 尹 尹 君 群 群 群

群像 군상

衆

뭇 중

[난이도] 읽기 4급II 쓰기 3급II [총획] 12획 [부수] 血

[획순] 衆 衆

大衆 대중

追

쫓을 추

[난이도] 읽기 3급II 쓰기 2급 [총획] 10획 [부수] 辶

[획순] 丿 亻 户 自 追 追

追跡 추적

隨

따를 수

[난이도] 읽기 3급II 쓰기 2급 [총획] 16획 [부수] 阝

[획순] 阝 阝 阝 隋 隋 隨

隨行 수행

交

사귈 교

[난이도] 읽기 6급 쓰기 5급 [총획] 6획 [부수] 亠

[획순] 丶 亠 六 六 交 交

交流 교류

接

교접할 접

[난이도] 읽기 4급II 쓰기 3급II [총획] 11획 [부수] 扌

[획순] 扌 扌 扩 拧 接 接

接近 접근

送

보낼 송

[난이도] 읽기 4급II 쓰기 3급II [총획] 10획 [부수] 辶

[획순] 丷 丷 关 关 送 送

放送 방송

迎

맞을 영

[난이도] 읽기 4급 쓰기 3급 [총획] 8획 [부수] 辶

[획순] 丿 ⺌ 卬 卬 迎 迎

歡迎 환영

逢

만날 봉

[난이도] 읽기 3급II 쓰기 2급 [총획] 11획 [부수] 辶

[획순] 夂 夂 夆 夆 逢 逢

逢着 봉착

別

이별할 별

[난이도] 읽기 6급 쓰기 5급 [총획] 7획 [부수] 刂

[획순] 口 口 另 另 別 別

別途 별도

毁 비방할 훼
[총획] 20획 [부수] 言
[획순] 言 言 訁 訁 訁 毁

譽 기릴 예
[난이도] 읽기 3급II 쓰기 2급 [총획] 21획 [부수] 言
[획순] 𦥑 𦥑 與 與 譽 譽
名譽 명예

恩 은혜 은
[난이도] 읽기 4급II 쓰기 3급II [총획] 10획 [부수] 心
[획순] 冂 冃 冈 因 恩 恩
恩惠 은혜

怨 원망할 원
[난이도] 읽기 4급 쓰기 3급 [총획] 9획 [부수] 心
[획순] ク タ 夘 夗 怨 怨
怨望 원망

辭 사양할 사
[난이도] 읽기 4급 쓰기 3급 [총획] 19획 [부수] 辛
[획순] 爫 爫 爫 𤔔 辭 辭
辭讓 사양

受 받을 수
[난이도] 읽기 4급II 쓰기 3급II [총획] 8획 [부수] 又
[획순] 一 爫 爫 爫 受 受
受容 수용

予 줄 여
[난이도] 읽기 3급 쓰기 2급 [총획] 4획 [부수] 亅
[획순] ㇇ マ 丆 予
予奪 여탈

奪 빼앗을 탈
[난이도] 읽기 3급II 쓰기 2급 [총획] 14획 [부수] 大
[획순] 大 夵 奄 奞 奞 奪
奪還 탈환

志 뜻 지
[난이도] 읽기 4급II 쓰기 3급II [총획] 7획 [부수] 心
[획순] 一 十 士 去 志 志
意志 의지

意 뜻 의
[난이도] 읽기 6급II 쓰기 5급II [총획] 13획 [부수] 心
[획순] 亠 立 音 音 意 意
意味 의미

思 생각 사
[난이도] 읽기 5급 쓰기 4급 [총획] 9획 [부수] 心
[획순] 口 田 田 田 思 思
思惟 사유

想 생각 상
[난이도] 읽기 4급II 쓰기 3급II [총획] 13획 [부수] 心
[획순] 十 木 相 相 想 想
思想 사상

知 알 지
[난이도] 읽기 5급II 쓰기 4급II [총획] 8획 [부수] 矢
[획순] 𠂉 𠂉 午 矢 知 知
知識 지식

識 알 식
[난이도] 읽기 5급II 쓰기 4급II [총획] 19획 [부수] 言
[획순] 言 言 訁 訁 諳 識
認識 인식

覺 깨달을 각
[난이도] 읽기 4급 쓰기 3급 [총획] 20획 [부수] 見
[획순] 𦥑 𦥑 𦥯 𦥯 覺 覺
覺悟 각오

悟 깨달을 오
[난이도] 읽기 3급II 쓰기 2급 [총획] 10획 [부수] 忄
[획순] 忄 忙 忏 悟 悟 悟
頓悟 돈오

喜 기쁠 **희**
[난이도] 읽기 4급 쓰기 3급 [총획] 12획 [부수] 口
[획순] 吉 吉 吉 壴 喜 喜
歡喜 환희

怒 성낼 **노**
[총획] 9획 [부수] 心
[획순] 𡿨 女 奴 奴 怒 怒
憤怒 분노

悲 슬퍼할 **비**
[난이도] 읽기 4급II 쓰기 3급II [총획] 12획 [부수] 心
[획순] 丿 彐 非 非 悲 悲
悲劇 비극

歡 기뻐할 **환**
[난이도] 읽기 4급 쓰기 3급 [총획] 22획 [부수] 欠
[획순] 艹 艹 萑 雚 歡 歡
歡迎 환영

愛 사랑할 **애**
[난이도] 읽기 6급 쓰기 5급 [총획] 13획 [부수] 心
[획순] 爫 爫 㤅 㤅 愛 愛
愛情 애정

憎 미워할 **증**
[난이도] 읽기 3급II 쓰기 2급 [총획] 15획 [부수] 忄
[획순] 忄 忄 忄 憎 憎 憎
憎惡 증오

恃 믿을 **시**
[난이도] 읽기 특급II [총획] 9획 [부수] 忄
[획순] 忄 忄 忄 恃 恃 恃
矜恃 긍시

懼 두려워할 **구**
[난이도] 읽기 3급 쓰기 2급 [총획] 21획 [부수] 忄
[획순] 忄 忄 忄 懼 懼 懼
疑懼心 의구심

愉 기뻐할 **유**
[난이도] 읽기 1급 쓰기 특급 [총획] 12획 [부수] 忄
[획순] 忄 忄 忄 愉 愉 愉
愉快 유쾌

悅 기뻐할 **열**
[난이도] 읽기 3급II 쓰기 2급 [총획] 10획 [부수] 忄
[획순] 忄 忄 忄 悅 悅 悅
喜悅 희열

欣 기쁠 **흔**
[난이도] 읽기 1급 쓰기 특급 [총획] 8획 [부수] 欠
[획순] 厂 斤 斤 欣 欣 欣
欣快 흔쾌

快 쾌할 **쾌**
[난이도] 읽기 4급II 쓰기 3급II [총획] 7획 [부수] 忄
[획순] 忄 忄 忄 忄 快 快
快諾 쾌락

愁 근심 **수**
[난이도] 읽기 3급II 쓰기 2급 [총획] 13획 [부수] 心
[획순] 千 禾 秋 秋 愁 愁
愁心 수심

恨 한 될 **한**
[난이도] 읽기 4급 쓰기 3급 [총획] 9획 [부수] 忄
[획순] 忄 忄 忄 恨 恨 恨
怨恨 원한

憂 근심 **우**
[난이도] 읽기 3급II 쓰기 2급 [총획] 15획 [부수] 心
[획순] 一 百 百 㥑 憂 憂
杞憂 기우

慮 염려할 **려**
[난이도] 읽기 4급 쓰기 3급 [총획] 15획 [부수] 心
[획순] 广 虍 虍 慮 慮 慮
考慮 고려

慙 부끄러울 **참**
[난이도] 읽기 3급 쓰기 2급 [총획] 15획 [부수] 心
[획순] 𠃌 車 斬 斬 慙 慙
慙悔 참회

愧 부끄러울 **괴**
[난이도] 읽기 3급 쓰기 2급 [총획] 13획 [부수] 忄
[획순] 忄 忄 忡 愧 愧 愧
自愧 자괴

羞 부끄러울 **수**
[난이도] 읽기 1급 쓰기 특급 [총획] 11획 [부수] 羊
[획순] 丷 𦍌 差 羞 羞 羞
羞恥 수치

恥 부끄러울 **치**
[난이도] 읽기 3급II 쓰기 2급 [총획] 10획 [부수] 心
[획순] 𠃍 𠃍 耳 耳 耻 恥
恥辱 치욕

悚 송구할 **송**
[난이도] 읽기 1급 쓰기 특급 [총획] 10획 [부수] 忄
[획순] 忄 忄 怇 悚 悚 悚
惶悚 황송

畏 무서울 **외**
[난이도] 읽기 3급 쓰기 2급 [총획] 9획 [부수] 田
[획순] 冂 冊 田 畀 畏 畏
畏敬 외경

恐 두려워할 **공**
[난이도] 읽기 3급II 쓰기 2급 [총획] 10획 [부수] 心
[획순] 丅 工 玐 巩 恐 恐
恐慌 공황

怖 두려워할 **포**
[난이도] 읽기 2급 쓰기 1급 [총획] 8획 [부수] 忄
[획순] 忄 忄 怖 怖 怖 怖
恐怖 공포

慟 애통할 **통**
[난이도] 읽기 1급 쓰기 특급 [총획] 14획 [부수] 忄
[획순] 忄 忄 惕 慟 慟 慟
慟哭 통곡

悼 슬퍼할 **도**
[난이도] 읽기 2급 쓰기 1급 [총획] 11획 [부수] 忄
[획순] 忄 忄 悼 悼 悼 悼
追悼 추도

憐 가련할 **련**
[난이도] 읽기 3급 쓰기 2급 [총획] 15획 [부수] 忄
[획순] 忄 忄 憐 憐 憐 憐
可憐 가련

恤 무휼할 **휼**
[난이도] 읽기 1급 쓰기 특급 [총획] 9획 [부수] 忄
[획순] 忄 忄 恤 恤 恤 恤
矜恤 긍휼

悵 섭섭할 **창**
[난이도] 읽기 특급 [총획] 11획 [부수] 忄
[획순] 忄 忄 悵 悵 悵 悵
悵缺 창결

戀 그리워할 **련**
[난이도] 읽기 3급II 쓰기 2급 [총획] 23획 [부수] 心
[획순] 言 言 䜌 䜌 戀 戀
悲戀 비련

羨 부러워할 **선**
[난이도] 읽기 1급 쓰기 특급 [총획] 13획 [부수] 羊
[획순] 丷 𦍌 羊 羨 羨 羨
羨望 선망

慕 사모할 **모**
[난이도] 읽기 3급II 쓰기 2급 [총획] 15획 [부수] 忄
[획순] 艹 苩 莫 莫 慕 慕
追慕 추모

誠

정성 성

[난이도] 읽기 4급II 쓰기 3급II [총획] 14획 [부수] 言

[획순] 言 訁 訂 訢 誠 誠

誠實 성실

僞

거짓 위

[난이도] 읽기 3급II 쓰기 2급 [총획] 14획 [부수] 亻

[획순] 亻 亻 伊 伊 偽 僞

僞造 위조

敬

공경할 경

[난이도] 읽기 5급II 쓰기 4급II [총획] 13획 [부수] 攵

[획순] 艹 芍 苟 苟 敬 敬

尊敬 존경

怠

게으를 태

[난이도] 읽기 3급 쓰기 2급 [총획] 9획 [부수] 心

[획순] 厶 台 台 台 怠 怠

倦怠 권태

勇

날랠 용

[난이도] 읽기 6급II 쓰기 5급II [총획] 9획 [부수] 力

[획순] 乛 甬 甬 甬 勇 勇

勇氣 용기

怯

겁낼 겁

[난이도] 읽기 1급 쓰기 특급 [총획] 8획 [부수] 忄

[획순] 忄 忄 忙 怯 怯 怯

卑怯 비겁

忿

분할 분

[난이도] 읽기 1급 쓰기 특급 [총획] 8획 [부수] 心

[획순] 丿 八 分 分 忿 忿

激忿 격분

恕

용서할 서

[난이도] 읽기 3급II 쓰기 2급 [총획] 10획 [부수] 心

[획순] 乂 女 如 如 恕 恕

容恕 용서

狂

미칠 광

[난이도] 읽기 3급II 쓰기 2급 [총획] 7획 [부수] 犭

[획순] 犭 犭 犭 狂 狂 狂

狂風 광풍

暴

사나울 포

[총획] 15획 [부수] 日

[획순] 日 旦 昗 昗 暴 暴

暴惡 포악

酷

혹독할 혹

[난이도] 읽기 2급 쓰기 1급 [총획] 14획 [부수] 酉

[획순] 丌 两 酉 酢 酷 酷

苛酷 가혹

毒

독할 독

[난이도] 읽기 4급II 쓰기 3급II [총획] 9획 [부수] 毋

[획순] 十 丰 圭 毒 毒 毒

酷毒 혹독

謹

삼갈 근

[난이도] 읽기 3급 쓰기 2급 [총획] 18획 [부수] 言

[획순] 言 言 訁 詳 謹 謹

謹弔 근조

嚴

엄할 엄

[난이도] 읽기 4급 쓰기 3급 [총획] 20획 [부수] 口

[획순] 吅 严 严 嚴 嚴 嚴

嚴格 엄격

弘

클 홍

[난이도] 읽기 3급 쓰기 2급 [총획] 5획 [부수] 弓

[획순] ㇆ ㇆ 弓 弘 弘

弘報 홍보

裕

너그러울 유

[난이도] 읽기 3급II 쓰기 2급 [총획] 12획 [부수] 衤

[획순] 衤 衤 衤 衿 裕 裕

餘裕 여유

恬

편안할 념

[난이도] 읽기 특급II [총획] 9획 [부수] 忄

[획순] 忄 忄 忙 忙 恬 恬

恬靜 염정

雅

바를 아

[난이도] 읽기 3급II 쓰기 2급 [총획] 12획 [부수] 隹

[획순] 㔾 牙 牙 牙 邪 雅

淸雅 청아

惠

은혜 혜

[난이도] 읽기 4급II 쓰기 3급II [총획] 12획 [부수] 心

[획순] 一 百 亩 車 恵 惠

受惠 수혜

諒

미쁠 량

[난이도] 읽기 3급 쓰기 2급 [총획] 15획 [부수] 言

[획순] 言 言 訁 諒 諒 諒

惠諒 혜량

驚

놀랄 경

[난이도] 읽기 4급 쓰기 3급 [총획] 23획 [부수] 馬

[획순] 艹 芍 苟 敬 驚 驚

驚歎 경탄

疑

의심할 의

[난이도] 읽기 4급 쓰기 3급 [총획] 14획 [부수] 疋

[획순] 匕 𠃊 矣 矣 疑 疑

疑心 의심

猜

시기할 시

[난이도] 읽기 1급 쓰기 특급 [총획] 11획 [부수] 犭

[획순] 犭 犭 犭 狤 猜 猜

猜忌 시기

妬

투기할 투

[난이도] 읽기 1급 쓰기 특급 [총획] 8획 [부수] 女

[획순] 𡿨 女 女 女 妬 妬

妬忌 투기

端

단정할 단

[난이도] 읽기 4급II 쓰기 3급II [총획] 14획 [부수] 立

[획순] 亠 立 立 端 端 端

端正 단정

莊

씩씩할 장

[난이도] 읽기 3급II 쓰기 2급 [총획] 11획 [부수] 艹

[획순] 艹 艹 艹 艹 莊 莊

莊嚴 장엄

默

잠잠할 묵

[총획] 16획 [부수] 黑

[획순] 口 甲 里 黙 默 默

默念 묵념

訥

말 더듬거릴 눌

[난이도] 읽기 1급 쓰기 특급 [총획] 11획 [부수] 言

[획순] 言 言 言 訂 訥 訥

訥言 눌언

頑

미련할 완

[난이도] 읽기 1급 쓰기 특급 [총획] 13획 [부수] 頁

[획순] 二 元 元 頑 頑 頑

頑固 완고

傲

거만할 오

[난이도] 읽기 3급 쓰기 2급 [총획] 13획 [부수] 亻

[획순] 亻 亻 仹 傲 傲 傲

傲慢 오만

夸

자랑할 과

[난이도] 읽기 특급 [총획] 6획 [부수] 大

[획순] 一 ナ 大 夲 夸 夸

恣夸 자과

誕

허탄할 탄

[난이도] 읽기 3급 쓰기 2급 [총획] 14획 [부수] 言

[획순] 言 言 訂 誔 誕 誕

誕辰 탄신

謙
겸손할 겸
[난이도] 읽기 3급II 쓰기 2급 [총획] 17획 [부수] 言
[획순] 亠 言 訁 許 謙 謙
謙遜 겸손

遜
겸손할 손
[난이도] 읽기 1급 쓰기 특급 [총획] 14획 [부수] 辶
[획순] 了 子 孫 孫 孫 遜
不遜 불손

愿
삼갈 원
[난이도] 읽기 특급II [총획] 14획 [부수] 心
[획순] 厂 厂 戶 原 原 愿
鄕愿 향원

淳
순박할 순
[난이도] 쓰기 특급II [총획] 11획 [부수] 氵
[획순] 丶 氵 氵 汸 淳 淳
淳朴 순박

爭
다툴 쟁
[난이도] 읽기 5급 쓰기 4급 [총획] 8획 [부수] 爪
[획순] 一 爫 乎 乎 爭 爭
鬪爭 투쟁

鬪
다툴 투
[난이도] 읽기 4급 쓰기 3급 [총획] 20획 [부수] 鬥
[획순] 丨 𠂆 鬥 鬥 鬪 鬪
鬪魂 투혼

猛
사나울 맹
[난이도] 읽기 3급II 쓰기 2급 [총획] 11획 [부수] 犭
[획순] 犭 犭 犭 狉 猛 猛
勇猛 용맹

悍
사나울 한
[난이도] 읽기 1급 쓰기 특급 [총획] 10획 [부수] 忄
[획순] 忄 忄 忄 悍 悍 悍
强悍 강한

懶
게으를 라
[난이도] 읽기 1급 쓰기 특급 [총획] 19획 [부수] 忄
[획순] 忄 忄 恢 懶 懶 懶
慵懶 용라

惰
게으를 타
[난이도] 읽기 1급 쓰기 특급 [총획] 12획 [부수] 忄
[획순] 忄 忄 忄 惰 惰 惰
惰性 타성

嬉
노닐 희
[난이도] 쓰기 특급II [총획] 15획 [부수] 女
[획순] 乂 女 女 嬉 嬉 嬉
嬉遊 희유

娛
즐거울 오
[난이도] 읽기 3급 쓰기 2급 [총획] 10획 [부수] 女
[획순] 乂 女 妇 娛 娛 娛
娛樂 오락

敏
민첩할 민
[난이도] 읽기 3급 쓰기 2급 [총획] 11획 [부수] 攵
[획순] 𠂉 每 每 每 敏 敏
敏捷 민첩

捷
민첩할 첩
[난이도] 읽기 1급 쓰기 특급 [총획] 11획 [부수] 扌
[획순] 扌 扌 扌 捷 捷 捷
捷報 첩보

勸
권할 권
[난이도] 읽기 4급 쓰기 3급 [총획] 20획 [부수] 力
[획순] 艹 卝 雚 雚 勸 勸
勸誘 권유

勉
힘쓸 면
[난이도] 읽기 4급 쓰기 3급 [총획] 9획 [부수] 力
[획순] 𠂊 色 免 免 勉 勉
勸勉 권면

荒
거칠 황
[난이도] 읽기 3급II 쓰기 2급 [총획] 10획 [부수] 艹
[획순] 艹 苎 芒 芦 茾 荒
荒廢 황폐

淫
음란할 음
[난이도] 읽기 3급II 쓰기 2급 [총획] 11획 [부수] 氵
[획순] 氵 氵 氵 淫 淫 淫
姦淫 간음

驕
교만할 교
[난이도] 읽기 1급 쓰기 특급 [총획] 22획 [부수] 馬
[획순] 馬 馬 驕 驕 驕 驕
驕慢 교만

妄
망령될 망
[난이도] 읽기 3급II 쓰기 2급 [총획] 6획 [부수] 女
[획순] 亠 亡 妄 妄 妄
妄靈 망령

貞
곧을 정
[난이도] 읽기 3급II 쓰기 2급 [총획] 9획 [부수] 貝
[획순] 卜 卢 貞 貞 貞 貞
貞潔 정결

淑
착할 숙
[난이도] 읽기 3급II 쓰기 2급 [총획] 11획 [부수] 氵
[획순] 氵 氵 泮 淑 淑 淑
淑女 숙녀

舒
펼 서
[난이도] 쓰기 특급II [총획] 12획 [부수] 舌
[획순] 𠆢 今 舍 舒 舒 舒
舒縮 서축

坦
평탄할 탄
[난이도] 읽기 1급 쓰기 특급 [총획] 8획 [부수] 土
[획순] 十 土 坦 坦 坦 坦
平坦 평탄

一
하나 일
[난이도] 읽기 8급 쓰기 6급II [총획] 1획 [부수] 一
[획순] 一
第一 제일

二
둘 이
[난이도] 읽기 8급 쓰기 6급II [총획] 2획 [부수] 二
[획순] 一 二
二重 이중

三
셋 삼
[난이도] 읽기 8급 쓰기 6급II [총획] 3획 [부수] 一
[획순] 一 二 三
三寸 삼촌

四
넷 사
[난이도] 읽기 8급 쓰기 6급II [총획] 5획 [부수] 口
[획순] 丨 冂 冂 四 四
四方 사방

五
다섯 오
[난이도] 읽기 8급 쓰기 6급II [총획] 4획 [부수] 二
[획순] 一 丅 五 五
五倫 오륜

六
여섯 륙
[난이도] 읽기 8급 쓰기 6급II [총획] 4획 [부수] 八
[획순] 丶 亠 六 六
六界 육계

七
일곱 칠
[난이도] 읽기 8급 쓰기 6급II [총획] 2획 [부수] 一
[획순] 一 七
七旬 칠순

八
여덟 팔
[난이도] 읽기 8급 쓰기 6급II [총획] 2획 [부수] 八
[획순] 丿 八
八旬 팔순

荒	荒				
淫	淫				
驕	驕				
妄	妄				

貞	貞				
淑	淑				
舒	舒				
坦	坦				

一	一				
二	二				
三	三				
四	四				

五	五				
六	六				
七	七				
八	八				

九
아홉 구
[난이도] 읽기 8급 쓰기 6급II [총획] 2획 [부수] 乙
[획순] 丿 九
九天 구천

十
열 십
[난이도] 읽기 8급 쓰기 6급II [총획] 2획 [부수] 十
[획순] 一 十
十月 시월

百
백 백
[난이도] 읽기 7급 쓰기 6급 [총획] 6획 [부수] 白
[획순] 一 丆 丆 百 百 百
百濟 백제

千
천 천
[난이도] 읽기 7급 쓰기 6급 [총획] 3획 [부수] 十
[획순] 丿 二 千
千字文 천자문

萬
만 만
[난이도] 읽기 8급 쓰기 6급II [총획] 13획 [부수] 艹
[획순] 艹 芇 苜 萬 萬 萬
萬物 만물

億
억 억
[난이도] 읽기 5급 쓰기 4급 [총획] 15획 [부수] 亻
[획순] 亻 仁 伫 倍 偣 億
億丈 억장

雙
쌍 쌍
[난이도] 읽기 3급II 쓰기 2급 [총획] 18획 [부수] 隹
[획순] 亻 隹 隹亻 雔 雙 雙
雙手 쌍수

匹
짝 필
[난이도] 읽기 3급 쓰기 2급 [총획] 4획 [부수] 匚
[획순] 一 丌 兀 匹
匹夫 필부

尋
여덟 자 심
[난이도] 읽기 3급 쓰기 2급 [총획] 12획 [부수] 寸
[획순] ㇕ 彐 尹 尋 尋 尋
尋問 심문

丈
열 자 장
[난이도] 읽기 3급II 쓰기 2급 [총획] 3획 [부수] 一
[획순] 一 ナ 丈
丈人 장인

分
푼 푼
[난이도] 읽기 6급II 쓰기 5급II [총획] 4획 [부수] 刀
[획순] 丿 八 今 分
分野 분야

寸
치 촌
[난이도] 읽기 8급 쓰기 6급II [총획] 3획 [부수] 寸
[획순] 一 寸 寸
寸劇 촌극

毫
터럭 호
[난이도] 읽기 3급 쓰기 2급 [총획] 11획 [부수] 毛
[획순] 亠 亡 古 声 毫 毫
揮毫 휘호

釐
다스릴 리
[난이도] 읽기 1급 쓰기 특급 [총획] 18획 [부수] 里
[획순] 未 敉 斄 釐 釐 釐
釐毫 이호

芒
가시랭이 망
[난이도] 읽기 1급 쓰기 특급 [총획] 7획 [부수] 艹
[획순] 一 十 艹 艹 芒 芒
茅芒 모망

忽
홀연 홀
[난이도] 읽기 3급II 쓰기 2급 [총획] 8획 [부수] 心
[획순] 丿 勹 勿 勿 忽 忽
忽待 홀대

奇 짝 안 맞을 기
[난이도] 읽기 4급 쓰기 3급 [총획] 8획 [부수] 大
[획순] 一 ナ 大 本 杏 奇
奇跡 기적

偶 짝 맞을 우
[난이도] 읽기 3급II 쓰기 2급 [총획] 11획 [부수] 亻
[획순] 亻 伵 伸 偶 偶 偶
配偶 배우

幾 몇 기
[난이도] 읽기 3급 쓰기 2급 [총획] 12획 [부수] 幺
[획순] 幺 幺幺 丝 丝 幾 幾
萬幾 만기

倍 갑절 배
[난이도] 읽기 5급 쓰기 4급 [총획] 10획 [부수] 亻
[획순] 亻 仁 仵 倅 倍 倍
倍加 배가

積 쌓을 적
[난이도] 읽기 4급 쓰기 3급 [총획] 16획 [부수] 禾
[획순] 千 禾 秆 秸 積 積
累積 누적

累 포갤 루
[난이도] 읽기 3급II 쓰기 2급 [총획] 11획 [부수] 糸
[획순] 口 冂 田 罗 累 累
連累 연루

兩 근량 량
[난이도] 읽기 4급II 쓰기 3급II [총획] 8획 [부수] 入
[획순] 一 冂 円 币 両 兩
兩側 양측

鎰 근반 일
[난이도] 쓰기 특급II [총획] 18획 [부수] 金
[획순] 仒 金 鈆 鈐 鎰 鎰

吾 나 오
[난이도] 읽기 3급 쓰기 2급 [총획] 7획 [부수] 口
[획순] 一 丆 五 五 吾 吾
吾等 오등

我 나 아
[난이도] 읽기 3급II 쓰기 2급 [총획] 7획 [부수] 戈
[획순] 一 于 手 我 我 我
我執 아집

爾 너 이
[난이도] 읽기 1급 쓰기 특급 [총획] 14획 [부수] 爻
[획순] 一 冖 丙 爾 爾 爾
偶爾 우이

汝 너 여
[난이도] 읽기 3급 쓰기 2급 [총획] 6획 [부수] 氵
[획순] 丶 丶 氵 氵 汝 汝
成汝學 성여학

勤 부지런할 근
[난이도] 읽기 4급 쓰기 3급 [총획] 13획 [부수] 力
[획순] 艹 苩 革 堇 勤 勤
出勤 출근

孜 부지런할 자
[난이도] 읽기 특급II [총획] 7획 [부수] 子
[획순] 了 子 孑 孜 孜 孜

奮 떨칠 분
[난이도] 읽기 3급II 쓰기 2급 [총획] 16획 [부수] 大
[획순] 大 衣 奞 奞 奮 奮
奮鬪 분투

發 필 발
[난이도] 읽기 6급II 쓰기 5급II [총획] 12획 [부수] 癶
[획순] 癶 癶 癹 發 發 發
發表 발표

沿 **물 따라갈 연**
[난이도] 읽기 3급II 쓰기 2급 [총획] 8획 [부수] 氵
[획순] 丶 氵 氵 氵 沿 沿
沿岸 연안

泝 **물 거슬러 올라갈 소**
[총획] 8획 [부수] 氵
[획순] 丶 氵 沂 泝 泝 泝

源 **근원 원**
[난이도] 읽기 4급 쓰기 3급 [총획] 13획 [부수] 氵
[획순] 氵 沥 洍 源 源 源
源泉 원천

流 **흐를 류**
[난이도] 읽기 5급II 쓰기 4급II [총획] 10획 [부수] 氵
[획순] 丶 氵 氵 浐 浐 流
交流 교류

揣 **헤아릴 췌**
[난이도] 읽기 특급 [총획] 12획 [부수] 扌
[획순] 扌 扌 扌 揣 揣 揣
揣知 췌지

揆 **법도 규**
[난이도] 쓰기 특급II [총획] 12획 [부수] 扌
[획순] 扌 扌 扌 揆 揆 揆
度揆 도규

本 **근본 본**
[난이도] 읽기 6급 쓰기 5급 [총획] 5획 [부수] 木
[획순] 一 十 才 木 本
本質 본질

末 **끝 말**
[난이도] 읽기 5급 쓰기 4급 [총획] 5획 [부수] 木
[획순] 一 二 丰 才 末
週末 주말

保 **보전할 보**
[난이도] 읽기 4급II 쓰기 3급II [총획] 9획 [부수] 亻
[획순] 亻 亻 亻 仴 保 保
保護 보호

養 **기를 양**
[난이도] 읽기 5급II 쓰기 4급II [총획] 15획 [부수] 食
[획순] 羊 养 养 養 養 養
養成 양성

德 **덕행 덕**
[난이도] 읽기 5급II 쓰기 4급II [총획] 15획 [부수] 彳
[획순] 彳 彳 徳 徳 德 德
德分 덕분

質 **바탕 질**
[난이도] 읽기 5급II 쓰기 4급II [총획] 15획 [부수] 貝
[획순] 厂 斤 斦 斦 質 質
物質 물질

修 **닦을 수**
[난이도] 읽기 4급II 쓰기 3급II [총획] 10획 [부수] 亻
[획순] 亻 亻 亻 攸 修 修
修行 수행

飾 **꾸밀 식**
[난이도] 읽기 3급II 쓰기 2급 [총획] 14획 [부수] 食
[획순] 𠆢 亼 食 飣 飾 飾
假飾 가식

才 **재주 재**
[난이도] 읽기 6급II 쓰기 5급II [총획] 3획 [부수] 扌
[획순] 一 寸 才
天才 천재

能 **능할 능**
[난이도] 읽기 5급II 쓰기 4급II [총획] 10획 [부수] 月
[획순] 厶 台 育 育 能 能
可能 가능

模

규모 모

[난이도] 읽기 4급 쓰기 3급 [총획] 15획 [부수] 木

[획순] 木 栉 栉 棤 楛 模

模樣 모양

楷

법식 해

[난이도] 읽기 1급 쓰기 특급 [총획] 13획 [부수] 木

[획순] 十 木 朼 桦 楷 楷

楷書 해서

型

법 될 형

[난이도] 읽기 2급 쓰기 1급 [총획] 9획 [부수] 土

[획순] 二 开 开 刑 刑 型

典型 전형

範

법 범

[난이도] 읽기 4급 쓰기 3급 [총획] 15획 [부수] 竹

[획순] ⺮ 笣 笪 笪 範 範

規

둥글 규

[난이도] 읽기 5급 쓰기 4급 [총획] 11획 [부수] 見

[획순] 二 扌 夫 夫 担 規

範圍 범위

矩

모질 구

[난이도] 읽기 1급 쓰기 특급 [총획] 10획 [부수] 矢

[획순] 𠂉 矢 矢 矩 矩 矩

矩度 구도

準

바를 준

[난이도] 읽기 4급II 쓰기 3급II [총획] 13획 [부수] 氵

[획순] 氵 汁 汁 淮 準 準

基準 기준

繩

곧을 승

[난이도] 쓰기 특급II [총획] 19획 [부수] 糸

[획순] 幺 糸 紀 絕 繩 繩

捕繩 포승

堯

요임금 요

[난이도] 쓰기 특급II [총획] 12획 [부수] 土

[획순] 土 圭 垚 垚 堯 堯

堯舜 요순

舜

순임금 순

[난이도] 쓰기 특급II [총획] 12획 [부수] 舛

[획순] 一 爫 爫 𦥯 舜 舜

舜華 순화

禹

성씨 우

[난이도] 쓰기 특급II [총획] 9획 [부수] 禸

[획순] 一 丂 日 禹 禹 禹

禹域 우역

湯

더운물 탕

[난이도] 읽기 3급II 쓰기 2급 [총획] 12획 [부수] 氵

[획순] 氵 沪 沪 浔 湯 湯

湯藥 탕약

孔

구멍 공

[난이도] 읽기 4급 쓰기 3급 [총획] 4획 [부수] 子

[획순] 乛 了 子 孔

孔明 공명

孟

맏 맹

[난이도] 읽기 3급II 쓰기 2급 [총획] 8획 [부수] 子

[획순] 乛 了 子 舌 孟 孟

孟子 맹자

顔

얼굴 안

[난이도] 읽기 3급II 쓰기 2급 [총획] 18획 [부수] 頁

[획순] 亠 产 彦 彦 顔 顔

顔面 안면

曾

일찍 증

[난이도] 읽기 3급II 쓰기 2급 [총획] 12획 [부수] 日

[획순] 八 兯 兯 曾 曾 曾

曾孫 증손

| 아학편 상권 |

天地父母 君臣夫婦 兄弟男女 姊妹娣嫂 祖宗子孫 姪姑甥舅 姨婭壻媳 妻妾嬸姆
伯仲叔季 族戚朋友 賓師主客 僮僕奴婢 儒俠醫巫 氓隷妓娼 僧尼盜賊 翁媼童叟
帝王后妃 將相卿士 吏民工商 夷狄蠻羌 耳目口鼻 股肱手足 頭腦頷項 顴頰頂額
齒牙脣舌 眼睛頤齶 乳脇臍肛 胸背腰腹 指爪掌腕 肩臂肘腋 跗趾腨踵 臀膝脛脚
鬚眉鬢髮 咽喉臟腑 心肺肝脾 膽腎腸肚 皮肉膏血 筋脈骨髓 涎汗糞尿 首面身體
日月星辰 風雲雨露 霜雪霰霾 雷電霞霧 虹霓颶颱 霖涷霢霂 陰陽氣暈 彗孛氷雹
水火土石 山川海陸 原野邱陵 峯巒岡麓 嶺嶽峽峀 洞壑巖谷 隴阪崖岸 塵埃塊礫
泉瀑溪澗 溝渠陂池 江淮河漢 湖澤津涯 灘潭島嶼 浦渚汀洲 潮汐波浪 泥沙泡漚
國邑京鄕 郡縣州都 鄰里市井 城郭村閭 街巷蹊徑 道路橋驛 田畦園圃 境界阡陌
金銀銅鐵 鍮鉛鑞錫 珠玉寶貝 錢幣圭璧 炬燎燈燭 薪柴炭灰 硝硫烽燧 熛焰烟煤
草木禾穀 菜蔬花藥 芝蘭蕙菖 葠朮芎芍 蒲艾蓬蒿 茅莎蘆荻 荼蓼薇蕨 蓮荷薔菊
葡萄藤葛 芭蕉藍茜 葵藿芹薺 茄芋薯莧 菘菁芥葑 韭䪥葱薑 瓜瓠菌蕈 萵苣蒜蘘
松柏檜杉 梧桐梓桼 楡槐楊柳 橡櫝榛栗 檀榧椒桂 梅杏桃李 柿棗梨楸 橘柚柑枳
梔榴櫻柰 楓楮棣棠 桑柘杻檗 竹竿筍篁 樹林菓蓏 根荄材幹 枝葉莖節 蘂萼蔕蔓
黍稷稻粱 菽荳牟麥 苧麻枲棉 蕎秫秬粟 苗穟秧粒 糠米糗糧 秔稉芻稾 稊稗莠稂
鸞鳳鸛鶴 鴻鴈鳧鴨 鷗鷺鵝鶩 鸎鶉鳩鴿 鵰鷂鵠鴇 鳶鷹烏鵲 鵂梟鸚鵡 鷄雉鷰雀
麟麋麞鹿 虎豹象犀 兎獺貂鼲 豺狼狐狸 馬牛羊豕 駒犢羔豚 驢騾犬羖 貓鼠熊猿
蛟龍鯨鰐 魴鯉鯈鱒 鯊鱸鮒鱨 鰻鯖鮎鱺 魨鱖鯽鰒 鰍鱓鰕鰈 黿鼈蟹蟶 蝸蠃蠔蛤
蜂螘蝴蝶 蜻蜓蟋蟀 蠶蛾螬蟬 蛛蠅蚊蠍 鼃蟾蛇蝮 蚓蛭螢螽 蛆蠹蚤蝨 蛜蝛蟣蠓
禽畜犧牲 鳥獸魚蟲 雛麛鰤卵 牝牡雌雄 羽毛鱗甲 騣尾蹄角 翼翮咮嗉 塒牢巢殼
宮室殿闕 舍宇家宅 臺榭亭館 寺院樓閣 房堂屋廊 府庫倉廩 棟梁柱椽 檐甍梯檻
囪牖門戶 閨扉楣閾 廚竈廐廁 階庭牆壁 苑囿廬店 礎堗瓦甓 鎖鑰釘鈴 垣籬簾篙
庋架牀榻 屛帷帳幕 壇廟碑塔 塚墓棺槨 舟船舶筏 棹楫帆檣 舳艫篙篷 舷柁艣根
車輦軒軺 輪軸轂輻 轎輂蓋傘 鞍轡羈靮 紙筆墨硯 簡策版牘 符璽印牌 碁枰毬簿
器皿几案 楎椸椅桌 瓶罌甑甕 鼎鍋釜鑊 盆缸楪椀 簋釧栝罇 鍾鉢斢勺 匙筯俎盤
箱篋笥籠 筐奩櫃櫝 篘籔篩籮 箕帚囊橐 杵臼檠釭 扇爐氈席 升龠斗斛 衡錘杖尺
斤斧鋸鑿 錐刀椎鎌 機梭筬軠 碓磑磨砧 鉏鍬犁鍤 耒耜耞耰 矰丸笱篧 網罟餌鉤
弓矢弩箭 干戈劍戟 旗纛旌旄 鞭棍韔箙 布帛錦繡 紗綾羅縠 經緯綵紋 絲纊絛索
衣服冠帶 襦袴裘衫 袍襖裙裳 袂袖裾衿 靴屨鞵屐 襁褓膝襪 鎧冑蓑笠 縗絰帽笏
紳韠綦纓 縫緣裔幅 巾帨珥佩 衾裯枕褥 釵笄鏡鑷 髻髢梳篦 鍼綫膠糊 粉黛臙脂
飮食肴膳 飯餠糜粥 酒醴醪麪 菹醬羹臛 脯醢腒鱅 膾炙飴蜜 醋醯油鹽 豉糟麯糵
鐘鼓磬管 簫笛琴瑟

| 아학편 하권 |

仁義禮智 孝悌忠信 慈良敦睦 寬和恭愼 是非善惡 吉凶悔吝 聖賢睿哲 英傑豪俊

春夏秋冬 歲時早晩 寒暑溫涼 晴曀澇旱 晝夜晨昏 曉晡朝夕 昨翌期晬 旬望晦朔

東西南北 左右前後 上下中間 登降仰俯 邊隅傍側 內外表裏 彼此處所 往來行止

靑黃赤黑 朱玄素白 丹紺蒼翠 紅紫綠碧 酸鹹甘苦 辛辣羶腥 臭味聲色 嗅啗視聽

音響芳香 光彩形影 唱嘯吹彈 舞蹈歌詠 睨窺眺望 顧瞻觀省 呑吐噓吸 飢飽醉醒

聾瞽聵矇 聞見聰察 寤寐睡夢 戲笑喧聒 歎咄瞋瞬 涕淚唬哭 鼾啞齆呻 噴嚔唾衄

拳掬拱抱 握執扶持 擡擧捫搔 攀捧提攜 醞釀斟酌 酬酢饋餉 貢獻贈賜 求乞報償

文武技藝 射御書數 史傳詩詞 章句箋註 篆字圖畵 卜筮律曆 講讀吟誦 學習記錄

軍旅營陣 攻守戰伐 兵刃擊刺 騎乘馳突 計謀許諾 告戒詢訪 謗訕譏嘲 叱罵欺誑

疾病痛癢 瘧癘痔疽 癰痢疳瘖 癎癩疔疝 痺痀腫脹 痰嗽咳喘 痘疹瘡癰 疣痣疥癬

婚姻嫁娶 胎孕產育 葬埋祭祀 餞饗宴樂 探摘擁挾 招搖掩揮 披捲投擲 拘攣掛垂

跬步蹤迹 踊躍踐蹋 超越蹲踞 跛蹇蹶跲 坐臥起居 倚伏跪立 傎倒進退 趨走拜揖

言語問答 論議談說 敎誘訓誨 召呼請謁 慶弔賀慰 會遇盟約 灑埽應對 盥漱沐浴

農賈匠冶 漁釣畋獵 稼穡耕種 耘穫樵汲 賣買賖貸 貿販賭贖 鑄鍊斲剖 採拔捕捉

紡織纅染 澣濯製裁 舂簸淅漉 烹飪蒸炊 財貨賦稅 債價傭雇 負戴轉運 辨訟券簿

爵祿官位 法度刑政 權威勢力 制作命令 姓氏名號 倫序班列 功罪黜陟 寵辱賞罰

人物性情 古今事理 治亂得失 可否成毁 生死禍福 安危存亡 盛衰窮達 利害災祥

尊卑貴賤 壽夭貧富 愚慧邪正 老少壯幼 廉貪奢儉 姸媸强弱 抑揚殺活 勝敗順逆

大小長短 輕重厚薄 淸濁高低 方圓曲直 廣狹銳鈍 硬軟肥瘠 有無虛實 疏密斷續

剛柔屈伸 冷熱燥濕 淺深濃淡 融凍滑澀 精粗汙潔 完缺純雜 浮沈隱現 開閉出入

聚散動靜 從違離合 明暗通塞 遲速緩急 去留用捨 榮枯羸縮 眞假優劣 加減損益

縱橫遠近 敧整平仄 難易煩閒 專貳詳略 翻覆弛張 稀稠泄蓄 多寡盈虧 增刪溢涸

洪纖巨細 紛紜異同 變化周旋 新舊始終 薈蔚叢茂 槁萎摧折 凝滯堙鬱 滲漏潰決

照耀焚燒 灌沃熄滅 豊好秀美 尖碎破裂 堅固侈麗 朽腐壞落 騰翥飛鳴 潛藏遁匿

充滿汎濫 空匱竭盡 放逸奔逃 回還歸反 繫結牽曳 游泳解脫 壅蔽阻隔 恢拓爽豁

勞倦催促 休息玩弄 孤獨單微 伴侶群衆 追隨交接 送迎逢別 譭譽恩怨 辭受予奪

志意思想 知識覺悟 喜怒悲歡 愛憎恃懼 愉悅欣快 愁恨憂慮 慙愧羞恥 悚畏恐怖

慟悼憐恤 悵戀羨慕 誠僞敬怠 勇怯忿恕 狂暴酷毒 謹嚴弘裕 恬雅惠諒 驚疑猜妬

端莊默訥 頑傲夸誕 謙遜愿淳 爭鬪猛悍 懶惰嬉娛 敏捷勸勉 荒淫驕妄 貞淑舒坦

一二三四 五六七八 九十百千 萬億雙匹 尋丈分寸 毫釐芒忽 奇偶幾倍 積累兩鎰

吾我爾汝 勤孜奮發 沿泝源流 揣揆本末 保養德質 修飾才能 模楷型範 規矩準繩

堯舜禹湯 孔孟顏曾

| **박연호** |

서울대학교 교육학과에서 수학했고, 한국학중앙연구원 한국학대학원에서 1982년에 「주자학의 근본 배양설과 조선 전기의 『소학』 교육」으로, 1994년에 「조선 전기 사대부 교양에 관한 연구」로 각각 석·박사 학위를 받았다. 1968년 말부터 1년간 벨기에의 루뱅 대학에서 교환 연구생으로 공부했으며, 2005년에는 미국 조지아 주립대학교의 방문학자로 미국의 교육사 연구자들과 교우하였다. 1996년부터 현재까지 광주교육대학교에서 역사를 가르치고 있다. 저서로는 『조선시대 연구사』(공저), 『논문으로 읽는 교육사』(공저), 『사료로 읽는 한국 교육사』 등이 있으며 역서로는 『공자 : 생애와 사상』 등이 있다.

다산 정약용

아학편 쓰기

발행일 2012년 2월 24일 초판 1쇄
2016년 6월 30일 초판 4쇄

엮은이 박연호
만든이 김남권
만든곳 북이데아
제311-2007-000024호
주 소 서울시 마포구 신수동 448-6 한국출판협동조합 C동 2층
전 화 02.3151.0816
팩 스 02.3151.0840

가격 6,800원

ISBN 978.89.960179.6.7 13640